은유로 보는 한국 사회

교육은

식물재배

사람은

상품

여성은 물건

교육은 상거래

세금은

폭탄

교육은 여행

경쟁의 승자는

명품

적폐는 오물

전쟁은 주먹싸움

입시는

전쟁 음식

국가는

가정 여성은

은유로 보는 한국 사회

나익주 지음

한뼘책방

머리말

"은유가 사람을 죽일 수 있다."

인지언어학의 창시자인 조지 레이코프가 1차 걸프전 발발 직전
인 1990년 마지막 날에 이메일로 배포한 글*의 맨 첫 머리에 나오는
말이다. 이 글은 당시 조지 부시 대통령과 행정부, 보수 언론이 어떻
게 이 전쟁을 도덕적으로 정당화했는가를 밝히려고 썼다. 구체적으
로 레이코프는 이라크에 대한 미국의 선제공격을 반드시 승리해야
하는 선한 도덕적 전쟁으로 만드는 토대가 바로 국제 관계를 이해
하는 데 일반적으로 사용되는 일련의 은유이며, 이러한 은유들이
실재를 왜곡한다고 주장했다.

미국 시민들의 반전 여론을 무마하고 전쟁 지지 여론을 이끌어내
기 위해 부시 행정부와 보수 언론이 동원한 국제 관계 은유는 [국가
는 사람], [세계는 마을], [전쟁은 (다른 수단을 사용하는) 정치], [정치
는 사업] 등이었다. 이러한 일련의 은유에 따르면 미국은 힘없는 약
자(쿠웨이트)를 괴롭히는 악당(이라크)을 응징하는 영웅적인 구원자
였다. 폭스 텔레비전을 비롯한 보수 언론은 [이라크는 악당]이고 [쿠

---

* 이 글은 1991년 『평화 연구(Peace Research)』라는 학술지에 「은유와 전쟁(Metaphor and
  War)」이라는 제목으로 실렸다.

웨이트는 천진한 처녀]이며 [미국은 선한 구원자]라는 은유적 이미지를 하나의 파노라마로 미국 시민들의 머릿속에 계속 주입했다. 그 결과 이 전쟁을 반대하는 여론보다 지지하는 여론이 더 높아졌다.

보수 언론이 여론 조작에 성공한 것은 은유의 부각과 은폐 기능 덕택이었다. 물론 미국은 절대적으로 선한 영웅이 아니었고, 쿠웨이트는 천진한 희생자가 아니었다. 미국은 '쿠웨이트의 합법 정부 복원'을 이 전쟁의 중요한 명분으로 부각했지만, 쿠웨이트는 시민적 자유와 인권을 악랄하게 억압하는 절대왕정 국가였다. 또한 사담 후세인을 비롯한 소수의 악당만을 응징해 압제에 신음하는 이라크 사람들을 구원한다는 명분을 내세웠지만, 미국의 공격으로 죽거나 다친 사람 가운데에는 무고한 시민들이 훨씬 더 많았다. 쿠웨이트 왕가에게는 미국이 영웅이었을지 모르지만, 대부분의 아랍 사람들에게는 오히려 악당이었을 수 있다. 실재 왜곡에도 불구하고 일련의 은유를 이용해 미국 보수는 여론을 조작했으며, 그 결과 미국의 수많은 젊은이들이 자발적으로 전장으로 나가 죽음을 맞이했다. 이는 은유가 사람을 죽음으로 몰아넣을 수도 있음을 보여주는 명확한 사례이다.

시인들의 전유물로만 여겼던 은유가 우리 모두의 일상에 깊숙이 관여하고 있다는 사실을 내가 깨닫게 된 계기는 대학원 과정에서 우연히 접했던 한 권의 책이다. 바로 인지언어학자 조지 레이코프와 언어철학자 마크 존슨이 1980년에 펴낸 『삶으로서의 은유(Metaphors We Live By)』라는 책이었다. 개념적 은유 이론의 핵심적인 주장은 은유가 본질상 언어의 문제가 아니라 개념의 문제라는 것이다. 따라서 은유는 당연히 시인의 창의적인 언어 사용만이 아니라 모든 사람들의 일상적인 언어 사용에도 아주 중요한 인지 기제이며, 사고와 이해, 추론에서도 아주 중요한 역할을 수행한다. 이 이론을 배우고 난 뒤에는 언어 표현들이 왜 그러한 비유적 의미를 지닐 수 있는지에 대해 의식적으로 생각해보게 되었다.

　　"은유가 사람을 죽일 수 있다"는 이 짧은 문장으로 시작하는 글을 읽으면서 한반도에 사는 우리의 삶을 떠올렸다. 반세기가 넘는 세월 동안 국제법상으로 여전히 전쟁 중인 남한과 북한은 때로는 국지적인 전투를 벌이기도 했으며 북한의 도발로 전면적인 전쟁 직전까지 간 적도 있었고, 최근에는 북한의 핵개발로 인해 한반도에서

핵전쟁이 일어날 위험성도 배제할 수 없는 지경이다.

　기나긴 세월 동안 남과 북이 거친 언어로 서로를 비난해온 선전전은 곧 은유의 대결이었다. 기억이 시작되던 시절부터 나는 북한이 우리의 철천지원수라고 배웠으며, 꽤나 오랫동안 북한 사람은 머리에 외뿔이 달린 흉측한 괴물이라는 느낌을 받으며 살았다. 이것은 북한 사람들에게도 다르지 않았을 것이라 짐작한다. 실제로 북한은 남한을 승냥이 미제(美帝)의 괴뢰라고 비난했고, 남한은 북한을 소련의 꼭두각시라고 비난했다. 이러한 비난은 [국가는 사람] 은유와 [사람은 물건]—더 구체적으로 말하면 하위 차원의 [적(敵)은 인형] 은유—의 결합에서 나온 인식이었다. 이와 같이 사람을 물건으로 보는 은유가 뇌에 깊숙이 자리 잡으면 우리의 삶은 위태로워진다. 왜냐하면 이 은유는 사람을 폐기할 물건처럼 아무런 죄의식 없이 제거해도 좋다는 인식을 일상화하는 반면, 적도 누군가에게는 소중한 아버지나 어머니, 배우자, 자녀, 형제자매라는 사실을 은폐하기 때문이다.

　돌이켜보면 '삶을 지배하는 은유'를 맨 처음 목격한 것은 1980년이었다. 계엄 군인들이 내가 살던 도시에서 민주화를 요구하던 수

많은 시민을 학살하고 난 두어 달 뒤, 이름이 널리 알려진 개신교계의 목사들이 '전두환'을 '여호수아'에 비유하던 그 유명한 조찬 기도회의 충격을 아직도 잊을 수 없다. 세계 내의 동일한 인물인 '전두환'을 두고 '살인마'라 느꼈던 나와 달리 왜 그들은 '구원자'라 칭송하는지 도무지 이해할 수 없었다. 하지만 이제는 안다, 당연히 다를 수밖에 없다는 것을. 그들과 나는 세계를 이해하는 데 사용하는 사고 체계—본질상 대부분 은유적인—가 달랐던 것이다. 이 은유의 차이는 1980년 전두환 독재 정권에 저항하는 민주화 투쟁 과정 내내 지속되었다.

흔히들 오늘의 한국 사회는 내부적으로 치열한 프레임 전쟁을 치르고 있다고 말한다. 이 전쟁의 목표는 땅과 같은 물리적인 대상이 아니라, '정의', '자유', '평등', '공정성', '안전', '책임', '차별' 등 가치를 담은 개념의 해석을 차지하기 위한 것이다. 해방 이후 한국 사회에서 벌어졌던 '좌파 대 우파'의 대결이나 '독재 대 민주'의 대결은 개념의 해석을 둘러싼 전쟁이었다고 볼 수 있다. 개념 전쟁은 곧 프레임 전쟁이다. 개념의 해석은 프레임에 근거하기 때문이다. 또한 프레임과 은유는 둘 다 우리 마음속에 자리 잡은 구조물로서 긴밀하게 연결되어 있다. 따라서 프레임 전쟁이 곧 은유 전쟁이다.

　이 책은 이 개념 전쟁의 근원이 무엇인지를 밝혀내고 싶은 바람에서 시작했다. 나는 진보와 보수의 개념 전쟁이 어떤 현상을 해석할 때 우리의 머릿속에서 작동하는 은유 체계의 상이함에서 비롯된다고 보았다. 그래서 현재 한국 사회의 중요한 관심사인 '교육', '경제', '국제 관계', '성과 사랑', '사회적 재난', '개신교 세계관'을 둘러싼 진보와 보수의 논쟁에 어떤 은유가 깔려 있는지를 분석해보았다. 이 밖에도 의료, 복지, 토지, 언론, 검찰, 자본, 노동, 인간 등의 개념 해석을 둘러싸고 점차 격화되고 있는 대립에는 어떤 은유들이 깔려 있는지 분석하는 것도 필수적이라 생각하지만 역량의 한계로 인해 다루지 못해서 아쉽기만 하다.

　내가 은유를 통해 한국 사회를 들여다보고 싶다는 생각을 어렴풋이나마 갖게 된 것은 레이코프의 논문 「은유와 전쟁」을 읽고 난 직후인 1990년대 중반이었다. 생각만 품고 있다가 글을 쓰기 시작한 것은 2009년부터였다. 많은 국민들의 반대를 무시하고 밀어붙인 '4대강 개발 사업'은 '4대강 살리기'로, 그린벨트를 마구 파헤친 난개발은 '녹색 성장'으로, 친기업적인 큰 폭의 법인세 인하는 '친서민

정책'으로 명명하는 이명박 정부의 기만적인 행태를 보면서 글을 써나갔다. 그러다가 박근혜 정부 당시 보수 단체 회원들이 세월호 참사의 진상 규명을 요구하는 유족을 '시체팔이'라 모욕하는 장면에서 은유가 사람을 두 번 죽이고 있음을 직접 목격한 뒤로, 한국어문기자협회의 계간지 『말과 글』의 '미디어와 은유'라는 코너에 정기적으로 글을 싣고 있다.

많은 분들의 도움이 없었다면 이 책은 나올 수 없었다. 우선 노엄 촘스키의 생성문법이 국내 언어학계에 절대적 영향력을 행사하던 1980년대 초반 석사 과정에서 인지언어학—특히 개념적 은유 이론—을 가르쳐주신 세 분의 은사님, 연세대 이기동 선생님과 서강대 김태옥 선생님, 전남대 조명원 선생님께 감사드린다. 그리고 자료를 구하기 어렵던 시기에 「은유와 전쟁」 논문을 전해준 한국외대 박정운 선생님, 『삶으로서의 은유』를 함께 번역하면서 개념적 은유 이론의 철학적 토대에 대한 이해의 폭을 넓혀준 전남대 노양진 선생님, 초고를 읽고 많은 오류를 수정해준 한국외대 권익수 선생님과 인천대 윤소연 선생님께도 감사의 마음을 전한다. 또한 한겨레말글연구소의 연구위원으로 언어가 사회와 삶에 미치는 영향을 함께 논의해온 박창식 연구소장님, 연세대 김하수 선생님, 경희대 김진해 선생님, 서울신문 이경우 기자님, 조병래 전 동아일보 기자님, 이근형 전 원지코리아컨설팅 대표님의 정교한 조언에도 감사드린다. 독자의 입장에서 초벌 원고를 읽고 어색한 표현들을 다듬어준 황광우, 이세천, 백금렬, 이홍연, 김초선, 조은미, 강정희 선생님의 수고에도 적지 않은 마음의 빚을 지고 있다. 한뼘책방의 이효진 대표는 투박한 원고의 많은 부분을 직접 다듬는 수고도 마다하지 않았다.

　끝으로 긴 세월 동안 많은 어려움을 묵묵히 감내해주신 조미라 선생님께 온마음의 감사를 드린다.

2020년 가을

나익주

차례

은유가
삶을 지배한다

많은 사람들이 '은유'라는 말을 국어 시간에 처음
접했을 터이다. 은유법, 직유법, 환유법, 의인법, 풍유법 등 비유법의
유형과 특성을 배우고, 각 비유법을 대표하는 시와 표현들을 암기
하기도 했을 것이다. 직유법은 '~같이', '~처럼', '~인 양', '~인 듯' 등
을 사용하며, 은유법은 'A는 B(다)'라는 식으로 표현하는 것이라고
배웠다. '내 마음은 호수요', '이것은 소리 없는 아우성'이 은유법의
대표적인 시행이며, '구름에 달 가듯이 가는 나그네', '돌담에 속삭이
는 햇발같이' 등은 직유법의 예라고 배웠다.

'은유법'이 직유법, 환유법, 제유법, 풍유법 등과 함께 어떤 것을
다른 것에 빗대어 표현하는 비유법의 하나라는 지식은 『삶으로서
의 은유』라는 책을 만날 때까지 나에게 불변의 진리였다. 인지언어
학자 조지 레이코프와 언어철학자 마크 존슨이 1980년에 펴낸 이

책을 읽고 난 뒤에 '은유법'이 영어의 metaphor에 대응하는 명칭으로 타당하지 않으며, '은유법'에서 '법'을 떼어낸 '은유'가 더 정확한 대응어라는 사실을 알게 되었다. '은유'는 단지 말의 장식적인 사용을 나타내는 비유법(figure of speech)의 일종이 아니라, 인간의 사고 과정의 본질적 부분(figure of thought)이기 때문이다.

한편 고전적 은유 이론에서는 '은유'를 수사학의 영역에 속한다고 보며, 당연히 '은유법'이 정확한 명칭이다. 아리스토텔레스는 『시학』에서 은유란 일상적으로 쓰는 '정상적' 언어 표현이 아니라 수사적 효과를 높이기 위해 사용하는 '일탈적' 언어 표현이라고 했다. 그리고 은유를 잘 사용하는 것은 천재의 징표로서 시인이나 능변가의 전유물이라 주장했다. '은유법'의 대표적인 사례로 제시되는 '내 마음은 호수요'는 글자 그대로는 정상적인 표현이 아니다. '호수'가 가리키는 것이 "땅이 우묵하게 파여 있고 못이나 늪보다 깊고 넓게 물이 괴어 있는 곳"이 아니라 "우리 마음의 평안한 상태"이기 때문이다. 이 시행은 시인이 '호수'(매체)와 '마음'(주의) 사이에 존재하는 유사성을 포착해 수사적 효과를 높이려고 언어를 일탈적으로 사용한 예이다. 한마디로, 고전적인 은유 이론에서는 은유란 신선한 언어 표현이며, 이 표현 내의 어떤 낱말(예: '호수')이 일상적인 의미가 아닌 특별한 의미로 사용되고, '주의(主意 tenor)'와 '매체(媒體 vehicle)'라는 두 대상 사이의 유사성은 천재성을 지닌 시인들이나 능변가들만이 유추를 통해 포착할 수 있다고 보았다. 이에 따르면 은유는 시적인 상상력이 나 유추 능력, 표현 능력이 탁월한 특별한 사람들만이 할 수 있는 언어 사용이며, 일반 언어 사용자와는 거의 관련이 없게 된다.

아리스토텔레스의 『시학』 이래 2천 년 넘게 정설로 여겨져온 고전적 은유 이론은 인간의 사고 과정이 대부분 은유적이라고 주장하는 새로운 학설의 강력한 도전을 받고서 지배적인 지위를 내주었다. 레이코프와 존슨은 『삶으로서의 은유』에서 우리의 사고 과정 대부분이 은유적이며, 우리가 사용하는 개념도 당연히 은유적일 수밖에 없다는 것을 언어적 사례뿐 아니라 예술, 영화, 의례 등의 비언어적 사례를 통해 설득력 있게 보여주었다. 한마디로, 은유는 사고 과정에서 중요한 역할을 하는 인지 기제이며 개념적 차원의 문제인 것이다. 이러한 점에서 이들의 새로운 학설은 '개념적 은유 이론(conceptual metaphor theory)'이라 불린다.

조금만 성찰해보면 고전적 은유 이론의 주장이 타당하지 않다는 것은 쉽게 알 수 있다. 그들의 주장처럼 은유가 시인이나 능변가들만의 전유물이라 해보자. 특별한 상상력이나 유추 능력을 지니지 않은 일상의 언어 사용자들은 그들의 특별한 일탈적 언어 사용을 이해할 수 없어야 할 터이다. 하지만 많은 사람들이 은유적일 수밖에 없는 시를 즐겨 읽으며, 풍부한 은유를 담고 있는 명연설을 들으며 감동한다. 또한 시인이 아닌 사람들의 일상적인 언어 사용에서도 은유를 쉽게 찾아볼 수 있다. 몇 년 전 많은 사람들 입에 오르내렸던 '통일은 대박'이라는 표현도 분명히 은유적이지 않은가? 이 표현을 맨 처음 사용했던 화자는 물론이고 그 말을 따라서 사용했던 사람들 역시 시인이 아니었다. 이것은 은유가 특별한 사람들만의 문제가 아니고 모든 언어 사용자들에게 중요한 문제라는 것을 강력히 암시한다.

은유가 언어적 차원의 문제가 아니라 사고와 이해 과정의 문제, 즉 개념 체계의 문제라면 '개념적 은유'와 '은유적 표현'을 구별할 필요가 있다. 이것이 개념적 은유 이론을 고전적 은유 이론과 구별해주는 중요한 토대이다. 아래와 같은 비축자적(非逐字的) 언어 표현들을 어떻게 설명하는지 검토해보면 두 입장의 차이가 분명히 드러난다.

- 사랑했지만 가는 길이 달랐다.
- 우리의 사랑은 막다른 길에 다다랐다.
- 사랑의 기로에 서서
- 사랑의 미로여
- 당신은 나의 동반자
- 그들의 사랑은 뜻밖의 장애물을 만났다.

은유를 단지 언어만의 문제로 보는 고전적인 이론에 따르면, 앞의 예들은 아무런 상관관계도 없이 제각각인 여섯 개의 일탈적 표현일 뿐이다. '가는(가다)', '길', '기로', '미로', '장애물' 등의 낱말이 지니는 다의성도 일반화하여 서로 연결해 설명할 수 없으며, 각각이 서로 무관한 상태에서 일어나는 일탈적인 언어 현상이 된다. 그 반면에 개념적 은유 이론에 따르면 앞의 여섯 가지 표현은 [사랑은 여행]이라는 개념적 은유가 언어적으로 발현된 사례들이다. 또한 '가는(가다)'과 '미로', '기로', '길', '장애물', '동반자', '막다른 길'이 각각 "사랑 관계를 지속하다", "사랑 관계에 이르는 복잡한 과정", "관계의 지속과 중단 사이의 선택 시점", "사랑하는 방식", "사랑을 하면서 겪는 어려움", "연인", "사랑을 지속할 방법이 없음"을 가리키는 의미 확대 현상이 서로 무관한 것이 아니라, '사랑' 개념(목표 영역)을 '여행' 개념(원천 영역)을 통해 은유적으로 이해하는 사고— 즉 [사랑은 여행]—에 바탕을 둔 의미 확장이다.

요약하면 위에서 제시한 은유적 표현들을 의미적으로 연결해주는 개념적 은유 [사랑은 여행]은 구체적인 언어 표현이 아니라, '사랑' 개념과 '여행' 개념 영역 사이에 존재하는 체계적인 사상(寫像)을 나타낸다. 이 사상은 두 개념 영역의 요소들 사이에 존재하는 수많은 대응 관계로 이루어진다. 몇 가지 예를 들자면, 사랑 중인 '연인'은 여행의 '동행자'에, '사랑 관계'는 여행 수단인 '탈것'에, '사랑 관계의 유지'는 '탈것에 동승한 상태'에, 사랑을 하며 겪는 '어려움'은 여행 중에 부딪치는 '장애물'에, 사랑의 '목표'는 여행의 '목적지'에 각각 대응한다.

여기서 잠시 '은유', '언어적 발현', '프레임'의 관계를 살펴보자. 개념적 은유를 나타내기 위해 사용하는 [A는 B] 형태는 언어 표현이 아니고, 우리 머릿속에서 작동하는 사고방식을 표기하는 약속이자 수단일 따름이다. 따라서 개념적 은유 [사랑은 불]은 [사랑을 상징하는 그림]-[불을 상징하는 그림] 쌍으로 표기해도 무방하다. '가슴 태우며 기다리는 그 사람의 손길', '싸늘하게 식어가는 사랑의 불꽃', '태워도 재가 되지 않는 사랑을 피우리라' 같은 표현들은 우리 머릿속에 있는 '사랑'이라는 개념 영역(A)과 '불'이라는 개념 영역(B) 사이에 이루어지는 체계적인 일련의 대응(전문 용어로 '사상(寫像)')에서 언어로 발현되는 사례(즉, 은유의 '언어적 발현' 사례)이다. 개념적 은유는 개념화자(또는 화자)들이 [개념 영역 A]를 [개념 영역 B]를 통해서 이해하는 머릿속 기제이며, 두 영역은 체계적인 대응으로 연결된다.

프레임 형성 이론에서 말하는 '프레임'이란 개념적 은유 이론에서 말하는 '개념 영역'에 해당한다. 물론 '개념 영역'이 적용 범위가 더 넓고 시간상 안정적이어서 정적인 특성을 가지는 반면, '프레임'

은 발화 순간에 적용 범위를 한정하고 실시간적으로 만들 수 있다는 동적인 특성을 지닌다는 점에서, '개념 영역'과 '프레임'은 미세한 차이를 지니고 있다. 여기에서는 이 두 개념의 차이가 초래할 수도 있는 학문적 중요성을 논의하지 않기에, '개념 영역'과 '프레임'을 동일한 의미를 지니는 것으로 이해하면 된다. 따라서 개념적 은유는 정의상 [개념 영역 A]와 [개념 영역 B] 사이, 또는 [프레임 A]와 [프레임 B] 사이의 체계적인 일련의 대응이다. '개념 영역'이나 '프레임(형성)'은 하나의 대상을 언급하는 개념이고, 개념적 은유는 '영역'이든 '프레임'이든 둘 사이에 이루어지는 일련의 대응을 가리키는 개념이다. 가령, 개념적 은유 [사랑은 불]은 우리의 마음속에서 '사랑'이라는 개념 영역(또는 프레임)과 '불'이라는 개념 영역(또는 프레임) 사이에 이루어지는 일련의 체계적인 대응 관계를 가리킨다. 그리고 그 관계가 언어로 표현된 것을 언어적 발현이라고 한다.

은유가 시적 상상력과 수사적 풍부성의 도구를 넘어 사고 과정과 개념 체계의 중요한 요소라면, 은유는 언어생활 이외의 영역에서도 당연히 작용해야 한다. 영화나 만화, 그림, 조각, 건축 등에서 발현된 은유의 사례에서 이를 쉽게 찾아볼 수 있다.

영화에서 정사 장면을 보여줄 때 흔히 벽난로의 강렬한 불길을 배경으로 쓴다. 이러한 장면에 눈보라가 몰아치는 벌판이 등장하는 것은 보기 어렵다. 이는 [성욕은 불]이라는 개념적 은유가 비언어적으로 발현된 사례이다. 연인들은 불을 피우는 사람, 그들의 성욕은 강력한 불, 성교는 불 피우기에 대응한다. 한편 조각에서는 사랑 관계를 표현할 때 두 조각품을 공간적으로 매우 가깝게 배치하거나 붙여놓는데, [친밀함은 가까움]이라는 개념적 은유를 보여준다. 맛있는 음식을 먹고 있는 여성을 남성이 야릇한 눈빛으로 바라보는 광고는 개념적 은유 [여성은 음식]의 발현 사례이다.

　은유는 의례에서도 나타난다. 한국의 장례 문화에서는 관이나 무덤에 지폐(노잣돈이라 부르는, 망자의 여행 경비에 대응하는 것)를 함께 묻는다. 이 행위는 죽음을 다른 곳(즉, 저승)으로 떠나는 여행의 출발로 보는 [죽음은 여행] 은유에서 나온다. 한편, 상거래에서도 은유가 작용함을 볼 수 있다. 일본에서는 대학 입시가 다가오면 코알라 부적의 판매량이 급증한다. 잠을 잘 때에도 나무에서 떨어지지 않는 코알라처럼 대학 입시에 합격하기를 바라는 마음으로 코알라 부적을 사는 사람들이 늘어나는 것이다. 이 입시철 풍속도는 개념적 은유 [성공은 위, 실패는 아래]가 비언어적인 상거래 행위를 통해 발현되는 사례이다.

　이처럼 은유는 우리의 일상에 깊숙이 녹아들어 있고, 삶에 큰 영향을 미친다. 1장에서 살펴볼 [교육은 상거래] 은유가 그 좋은 보기이다. '품질이 좋은 상품(능력이 뛰어난 선생님)'을 구매하기 위해 물불을 안 가리고, 입시 경쟁의 최종 목적지인 '스카이대'에 합격하기 위해 천문학적인 사교육비를 기꺼이 지불하고자 하는 학부모와 학생들의 질주는 바로 이 [교육은 상거래] 은유에서 발현되어 나오는 행동이다. 이 은유적 사고가 교육 현장의 담론을 주도한다면, 전인 교육은 교육의 주변으로 계속 밀려나고 학생들도 성적 경쟁에만 초점을 두어 상생과 배려보다는 경쟁에서의 승리를 최고선으로 체화할 것이다. 더 나아가 학생들의 삶은 물론이고 학부모와 교사들의 삶, 우리 모두의 삶도 더욱 황폐해지고 우리 사회는 그야말로 약육강식의 비인간적인 전장이 될 것이다.

이렇듯 은유는 단순히 삶에 영향을 미치는 정도를 넘어 우리의 죽고 사는 문제를 결정할 수도 있다. 이 책 『은유로 보는 한국 사회』는 교육과 경제, 국제 관계, 성과 사랑, 사회적 재난, 개신교 세계관을 은유적으로 묘사하는 언어 표현들을 분석함으로써, 추상적 개념을 우리가 어떻게 이해하고 있는지 구체적으로 살펴보고자 한다. 우리가 어떤 은유로 살아가고 있는지, 은유가 우리 삶에 어떻게 영향을 미치고 있는지 더 분명하게 들여다볼 수 있는 계기가 되기를 기대한다.

1장

교육을 지배하는 은유

시장주의에
내몰리는 교육

　　　　　요즘 신문 기사나 교육 당국의 문서에서 '학생'과 '학부모'를 각각 '교육 수요자'와 '교육 소비자'라고 지칭하는 것을 자주 볼 수 있다. 이런 현상은 현재 한국 사회를 지배하고 있는 정책 기조인 무한 경쟁의 신자유주의, 즉 시장주의에서 비롯한 것이다. 학생과 학부모, 교사들 모두 '시장의 무한 경쟁에서 살아남기'라는 단 하나의 목표를 향해 질주하면서, 하나도 행복하지 않다고 비명을 지른다. 그것은 우리의 마음속에서 무의식적이고 자동적으로 작동하고 있는 시장주의 관점의 은유가 우리 삶을 적잖이 지배하고 있기 때문이다. 교육을 상거래로 이해하는 사고방식이 얼마나 다양하게 언어 표현으로 드러나고 있으며, 어떻게 삶을 지배하는지 살펴보자.

교육이 시장을 만날 때

- 고교 다양화란? 다양하고 좋은 학교를 만들어 학생 학부모 등 교육 수요자의 선택권을 확대하고 획일화된 교육에서 벗어나
- 교육 소비자인 학생과 학부모의 요구를 교육 당국이 체계적으로 반영함으로써
- 교육의 특성화, 다양화라는 함정과 소비자 선택권이라는 블랙홀
- 시장 기능(경쟁)을 통한 교육의 질 향상, 교육 공급자의 사회적 책무성 제고

앞의 예문들은 학교를 기업이나 공장으로, 교사를 공급자(생산자, 판매자)로, 학생과 학부모를 수요자(소비자, 구매자)로 이해하고 있음을 보여준다. 이는 한국인들의 머릿속에 깊숙이 자리 잡은 [교육은 상거래] 은유의 언어적 발현이다.

이때 수요자와 공급자 사이에 거래되는 상품은 구체적으로 무엇일까? 교육 개념 자체는 물론이고 교육의 과정이나 활동, 학교와 교사도 당연히 상품이 된다. 심지어는 교육의 본질적인 목표가 되어야 할 '인성'도 상품으로 간주된다. 우리에게는 사건이나 행동, 활동, 상태와 추상적인 개념을 구체적인 물건으로 이해하는 능력이 있다.

교육은 장기간에 걸쳐 이루어지는 활동의 하나이므로 구체적인 물건으로 이해할 수 있다. 이것이 시장주의 관점과 결합하면 교육은 어김없이 특별한 종류의 물건, 곧 상품이 된다.

- 다품종 소량 생산 모델의 다양한 교육 상품이
- 본교 학부 교육의 품질을 지속적으로 관리하기 위해
- 교육의 집행 기능과 교육의 질 관리 기능이 분리되지 않아

어떤 물건을 그 자체로가 아니라 상거래 틀로 평가한다면 당연히 그 물건에 값을 매기고, 매매하고, 더 높은 값으로 팔기 위해 품질을 관리하여 품질 향상을 도모해야 한다. '상품(화)', '품질 (관리)', '질 향상', '질 관리', '서비스' 등의 명사 어구나 '질을 높이다', '질을 결정하다', '(품)질을 관리하다' 등의 서술어는 모두 상거래 프레임을 참조하여 정의된다. 즉, 교육 개념 자체가 상품의 관점에서 이해되고 있음을 알 수 있다.

추상적 활동을
구체적 물건으로 개념화
|
[교육은 상거래]
|
교육과 관련된
모든 것의 상품화

이러한 관점은 더욱 확대되어 교육 내용인 교육과정이나 교육 활동 그 자체, 교육 활동에 사용되는 자료, 교육 활동이 펼쳐지는 주요 장소인 학교도 상거래의 관점에서 이해된다. 다음 표현들은 한국인들의 머릿

속에 자리 잡고 있는 개념적 은유 [교육기관은 상품]의 언어적 발현이다.

- ○○초 김○○ 교장은 사교육 절감형의 <u>명품 (초등)학교</u>를 만들어가는 데 최선을
- 명품 인생은 <u>명품 유치원</u>에서
- ○○정보과학고등학교는 차별화된 직업 능력 강화를 통해 지역의 <u>명품 고등학교</u>로 성장
- 임○○ 총장은 "○○대를······ 특성화를 통해, 대한민국 <u>명품 대학</u>으로 육성할 것"
- 양○○ 원장의 타인에 대한 배려를 우선으로 하는 경영 마인드와 직원들의 최선을 다하는 친절함으로 고객들을 감동시키는 <u>명품 연수원</u>으로 손색이 없다.

본래 '명품'의 중심적 의미는 "뛰어나거나 이름난 물건이나 작품"으로, 고가의 상품 가치보다는 완성도 높은 예술성을 함의하는 것으로 보인다. 하지만 현재 한국 사회에서 통용되고 있는 '명품'의 의미는 "고급스럽고 가격이 비싼 물품"으로, 분명히 상거래상의 가치를 내포하고 있다. 앞의 표현들에서 유치원과 초등학교, 고등학교, 대학교는 물론이고 평생교육 기관인 연수원까지도 선행하는 명사

인 '명품'과 결합하여 합성명사를 이룬다. 다양한 교육기관이 상품으로서 가치가 높은 제품이라는 은유를 전달하는 것이다. 사립학교 운영 법인이 학교 운영권을 다른 법인에 양도하거나, 국공립학교에 대한 소유권과 운영권을 지닌 국가나 지방정부가 그러한 권리를 민간 등에 매각하는 경우라면 어떤 의미에서 학교가 전형적인 상품일 수 있다. 그 밖에는 어떤 경우에도 학교는 전형적인 의미의 상품이 아니다. 그렇지만 다양한 종류의 '명품 학교'가 겨냥하는 구매자는 방금 말한 구매자들이 아니다. 그 '명품 학교'에서 교육받고 싶어 하는 학생들이나 그들의 부모이다.

사람도 기관도 활동도 모두가 상품

공장과 생산자만으로 제품을 생산할 수 없다는 것은 자명하다. 교육도 마찬가지다. 교사와 학교의 존재만으로는 교육이 이루어질 수 없다. 교육과정에 따라, 교재를 사용하여, 교사가 학생에게, 지식이나 기능을 전달할 때에 비로소 교육이 이루어진다.

- 수업 잘하는 교사의 자세 등 명품 수업 구현을 위한 교사 마인드, 교수 방법

- 관내 중학교 교감 및 교사 대상 '2008 명품 교육과정 수립을 위한 워크숍'
- 교육비 1800만 원 든다는 강남 명품 유치원의 교육과정은?
- 희망캠프 과정은 특화된 맞춤형 명품 생활지도 프로그램으로
- 흥미와 자신감을 찾게 해준 명품 교재
- 품질을 보증하는 이 교과서에 대해

> **[교육은 상거래]**
> |
> 수업 … 상품
> 교육과정 … 상품
> 교육기관 … 공급자/상품
> 교사 … 공급자/상품
> 학생 … 소비자/상품
> 학부모 … 소비자/상품
> |
> …

'수업'이나 '강의'는 고정된 형태로 공간을 차지하고 있는 물체가 아니라 시공간상에서 발생하는 활동이다. 그래서 글자 그대로의 물리적인 상품이 아니다. 그런데 어떤 언어 사용자이든 지시나 양화(量化) 또는 구체적 특성 식별을 위해, 추상적 활동을 구체적인 물건으로 개념화하는 능력을 지니고 있어서 '수업'이나 '강의'도 지시나 특성의 식별을 위해 물건으로 개념화할 수 있다.(예: "그 수업은 정말 멋있다.") 물건으로 개념화되는 '수업'이나 '강의'에 상거래 틀을 더하면, 이들은 자연스럽게 상품이 된다. '교육과정'이나 교육 관련 '프로그램'도 마찬가지다. '흥미와 자신감을 찾게 해준 명품 교재', '품질을 보증하는 이 교과서' 등에 나타나는 '교재'와 '교과서'는 물리적인 형태를 가지고 있으며 실제로 판매되니까 글자 그대로의 상품이

라고 볼 수 있다. 하지만 교과서나 교재를 명품으로 결정짓는 것은 외형이 아니라 교과서나 교재가 담고 있는 내용의 가치라는 점이 중요하다.

교육을 상거래의 관점에서 개념화할 때 학생과 학부모는 수요자/소비자에, 교사와 학교는 공급자/생산자(나 생산자가 생산한 상품)에 해당한다. 그런데 학생이 항상 수요자로 개념화되는 것은 아니고, 오히려 상품으로 개념화될 수도 있다.

- 외고가 미리 공부를 잘하는 학생을 뽑아 가르치는 '입도선매' 방식으로 이득을 보고 있다는
- 인재들의 이공계 기피 현상으로 국가가 원하는 충분한 인력 수급에 어려움을 겪고 있는 것이 사실이다.
- 글로벌 소양 증진을 위한 ○○학생 4품제 운영과 정보 소양 인증제
- 제주 ○○초등학교 : 명품 인성 함양 승마 학교 스포츠클럽 운영

'입도선매(立稻先賣)'는 본래 자금이 없거나 빚에 쪼들리는 농민이 현금이 급히 필요해 논에서 자라고 있는 벼를 수확 전에 미리 파는 행위를 말한다. 오늘날 이 용어는 공산품에도 적용되어, 물건 값이

오를 것을 예상하고 비싼 값을 받기 위해 몰아서 사들이는 구매자들에게 완제품 생산 전에 제품을 미리 판매하는 행위를 가리키기도 한다. 대개 입도선매는 중간상인이 장래의 수요 공급을 예측하고 현금이 필요한 영세 농민이나 생산자의 약점을 이용하여 매점매석함으로써 이익의 극대화를 노리는 형태로 이루어진다. 하지만 앞의 인용문에서 '입도선매'가 가리키는 것은 상급 교육기관의 신입생 선발 절차다. 이는 '상급 학교 진학'이라는 교육 활동이 상거래 관점에서 개념화되고 있음을 보여준다. 이때 진학을 희망하는 학생은 판매를 위해 재배되는 벼나 완제품에 이르지 못한 상태의 공산품에 해당한다. 하위 단계의 학교는 완제품이 되기 전 상품을 미리 파는 공급자에, 진학을 희망하는 고교생을 선발하여 교육하는 대학은 미완의 제품을 완제품으로 만들어 기업이나 국가에 공급하는 중간상인에 해당한다. 그와 마찬가지로 중학생을 선발하는 고등학교도 대학이라는 소비자에게 제품을 공급하는 중간상인에 대응한다.

이처럼 교육 관련 활동을 기술하는 '입도선매'라는 어구의 존재는 시장주의 프레임에서 교육을 바라보는 사고방식인 [학생은 상품] 은유가 우리 마음속 깊숙이 자리 잡고 있어서 거의 무의식적으로 작동하고 있다는 것을 보여주는 분명한 실례이다. 이것은 상품의 등급을 매기듯이 학업성취도에 따라 학생들을 분류하는 'O품제'나 '인증제'와, 노동 시장에서 거래되는 노동력의 측면에서 학생을 파악하는 '인력 수급', 심지어는 교육 활동의 궁극적인 목표가 되어야 할 인성 함양도 상품으로 인식하는 '명품 인성'과 같은 어구에서도 분명히 드러난다.

요약하면, 이러한 표현들은 개념적 은유인 [선발은 구매], [대학은 (기업을 위한) 중간상인], [고등학교는 (대학을 위한) 중간상인], [성적 우수 학생은 명품], [성적 미달 학생은 불량품], [수시 전형은 명품 구매 절차로서의 입도선매] 등에서 나온 언어적 발현 사례로서, 학생의 교과 실력은 물론이고 창의성과 인성조차도 전인을 구성하는 요소라기보다는 상품으로 은유적으로 개념화하는 인지 과정—[학생의 자질(인성, 창의성)은 상품]—이 한국인의 마음속에 활발하게 작용하고 있음을 보여준다.

명품이 되면 행복한가?

교육기관이 가치를 매길 수 있는 상품으로 개념화될 때, 이 상품의 품질을 결정하는 데 중요한 역할을 하는 것은 교육 활동을 수행하는 교육자의 자질이다. 교육자의 역량이 뛰어날수록 당연히 교육기관의 가치는 올라간다. 교육자의 역량은 개인마다 다를 수 있다. 그래서일까? 현재 한국의 많은 사람들은 교육자들도 학부모나 학생들로부터 평가를 받아야 한다고 주장한다. 다음의 표현은 이러한 주장을 펼치는 이들이 교육자를 이해하는 방식, 곧 [교육자는 상품] 은유의 언어적 발현이다.

- 학교장 리더십을 강화해 '명품 교장'이 될 수 있는 방법
- 그녀가 후배들에게 전하는 메시지는 "명품 교재에 맞는 명품 교사가 되자!"이다.
- 특성화된 명품 학급을 운영하기 위한 구체적인 계획을 실천하는 명품 담임
- 제 인생에 많은 변화를 가져다주신 명품 강사

교육자가 값을 매길 수 있는 상품으로 은유적으로 개념화될 때 어떤 일이 일어날까? 교육자로서 바른 인성과 높은 덕망, 뛰어난 자질을 지니고 있으며 학교 운영에서 뛰어난 성과를 내는 교장은 값 비싸고 품질이 뛰어난 명품이 된다. 그렇지 못한 교장은 허접한 상품에 해당한다. 교사도 마찬가지다. 어떤 연유로든 학부모와 학생들에게 인기 있는 교사는 명품으로 평가받고, 그렇지 않은 교사는 당연히 싸구려가 되거나 더 심한 경우 불량 상품이라는 평가를 받게 된다. 학급 운영을 맡은 교사라면 명품 담임이나 싸구려 담임, 심한 경우에는 불량품 담임이 된다. 이것은 대학에도, 비정규 교육기

관에도 적용된다.

이명박 정부 시절부터 현재까지 교육부는 영어 교사들에게 영어 수업 능력(TEE) 인증 제도에 참여하도록 강력히 권고하고 있다. 교사에 대한 인증 제도는 교사를 상품으로 보는 은유적 개념화에 근거하여 교육 당국이 내린 정책 결정이다.

- TEE(Teaching English in English) 인증제: 서울 지역 초중고 일선 학교 2009년도 2학기 '영어로 진행하는 영어 수업' 인증제 도입

원래 '인증' 제도는 공산품이나 식품 등의 제품이 일정한 표준 기준이나 기술 규정에 적합한지 평가하여 안정성과 신뢰성을 인정해 주는 절차이다. 인증 제품에는 KS마크나 KC마크가 찍혀 있으며, 제품은 인증과 미인증으로 구분된다. 인증 제도를 영어 교사에게 부과하면, 영어 교사는 이미 정부에서 발행한 자격증을 가지고 있는데도 TEE 인증을 받은 영어 교사와 인증을 받지 않은 영어 교사로 나뉜다. TEE 인증 영어 교사는 좋은 제품으로 인정받는 반면, 미인증 영어 교사는 불량 제품으로 전락하게 된다.

이 은유와 관련해 주목할 점이 있다. 은유는 우리의 언어생활에만 머물지 않으며, 사고 체계의 중요한 일부로서 우리의 행동 양식

을 규정한다. 2007년부터 서울의 꽤 유명한 한 사립 고등학교에서는 학년 초에 학생들이 담임교사를 선택하는 행사를 한다고 한다. 경기도 교육청 산하 공립학교인 여주시의 한 중학교에서도 2017학년도에 담임 선택제를 실시했다. 이 제도나 행사는 학생들의 선택적인 상품 구매 행위로서, 담임교사를 하나의 상품으로 간주하는 은유인 [교사는 상품]에 근거를 둔 것이다.

이렇듯 오늘의 한국 교육은 시장주의 세계관이 지배하고 있다. 대부분의 학부모가 이 세계관에서 자연스럽게 나오는 [교육은 상거래] 은유를 따라 성실히(?) 내달리고 있다. 자녀들이 무한 경쟁에서 조금이라도 유리한 자리를 확보할 수 있도록 천문학적인 사교육비를 감당한다. 우리는 과연 행복한가? 이런 현실이 계속될 때 우리 사회는 지속 가능할까? 교육의 모든 것을 시장주의 관점에 따라 상품의 거래로 바라보는 은유가 우리의 삶을 지배하도록 놓아둘 것인지 진지하게 성찰할 때이다.

전장이 되어버린
학교

　　　　　앞에서 보았듯이 요즈음 한국 사회에서는 상거래 관점에서 교육을 이해하는 사고 과정에서 비롯한 언어 표현들이 많이 쓰인다. 이것은 정치, 경제, 사회, 문화 등 모든 영역의 정책 운영에서 시장 만능주의가 절대적 영향력을 행사하고 있는 현실의 당연한 귀결이다. 모든 것을 시장 경쟁의 관점에서 바라보는 세계관에서는 당연히 교육도 상거래의 관점에서 이해할 수밖에 없기 때문이다.

무한 경쟁에서 전쟁으로

'교육'에 대한 시장 만능주의 관점이 얼마나 깊숙이 한국인들의 마음속에 자리 잡고 있는지를 보여주는 또 다른 은유를 살펴보자. 다음 표현들은 경쟁의 극단적 형태인 전쟁의 관점에서 교육을 이해하는 은유 [입시는 전쟁]의 언어적 발현 사례이다.

- 입시 전선의 아이들
- 지옥 같은 입시 전선을 돌파해야 하는
- 입시 전선에서 싸워야 하는 제자들
- 수학의 공식처럼 자로 잰 듯 딱딱 맞아 떨어지는 객관식 지식, 군더더기 없는 단답형 지식으로 무장된 고교생들이 입시 전선을 뚫고 대학에 들어가
- 시계 제로의 대입 전선
- 입시 정보 전쟁
- 치열한 입시 전쟁에서 살아남기 위해서
- 입시 전선에 친구 없다!
- 대입 수시 지원 전략 설명회
- 입시 정보원 봉쇄 작전

'전선', '돌파', '전선에서 싸워야 하는', '무장', '전선을 뚫고', '시계 제로의 전선', '정보 전쟁', '전략', '봉쇄' 등은 문자 그대로 '전쟁'을 기술한다. 하지만 이들은 교육 활동의 중요한 구성원과 진학을 위한 절차(입시)에 관한 예시들이다. 전쟁에 맞서 싸워야 할 적과 승패를 좌우하는 전략이 있는 것처럼, 입시에도 함께 시험을 치르는 지원자가 있고, 시험을 잘 치르기 위한 계획과 책략이 있다. 전선에서 치열하게 싸우는 전사들이 적의 방어선을 뚫고 승리를 거두는 것처럼, 입시에서도 학생(수험생)들이 수많은 다른 학생(수험생)들과 치열한 경쟁을 벌여 일부는 합격을 한다. 전쟁의 승자가 패자들로부터 전리품을 획득하는 것처럼, 입학시험의 합격자는 자신들에게만 제공되는 혜택—가령, 높은 연봉의 좋은 직장을 얻거나 좋은 조건의 배우자를 만날 가능성을 높여주는 대학의 재학 자격—을 한껏 누린다.

입시를 전쟁의 관점에서 파악하는 은유적 개념화에서 수험생은 전사에, 높은 점수를 받기 위한 지식은 효과적인 전투를 수행하기 위한 무기에, 합격자는 승자에, 불합격자는 패자에 대응한다. 이러한 대응은 앞의 사례들에 분명히 예시되어 있다. 비록 누가 입시 전쟁의 총사령관이고 지휘관인지, 야전 사령부가 어디인지, 전리품이 무엇인

시장 만능주의 사회
|
무한 경쟁의 현실
|
극단적 경쟁, 입시
|
[입시는 전쟁]

지는 명시적인 언어 표현으로 나타나 있지 않지만 이들의 정체는 충분히 추론할 수 있다. '입시 전선에서 싸워야 하는 제자들'이라는 표현을 보면 이들을 가르치는 교사가 바로 지휘관이고, 교사들을 지휘하고 감독하는 학교장이 야전 사령관이며, 학교가 바로 야전 사령부일 수밖에 없다. 전리품은 이른바 명문 대학이다. 또한 '입시 전선의 아이들'이라는 표현으로부터 학부모는 지원부대에 해당한 다는 것을 추론할 수 있다.

더 아름다운 세상을 꿈꾼다면

'입시 전선에 친구 없다!'는 어느 고등학교 교장의 단언이다. 이는 단지 그의 왜곡된 상황 인식에서 나온 말일까? 결코 그렇지 않다. 현재 한국 사회에 대한 자신의 인식을 겉으로 드러낸 그의 태도는 차라리 솔직하다. 설령 겉으로는 내놓고 말하지 않는다 하더라도, 처절한 생존경쟁을 헤쳐가야 하는 현실에서 한국 사회의 대다수 구성원들은 이러한 인식을 분명히 공유하고 있다. 입시가 미래 삶의 질은 물론이고 심지어는 사회적 생존 여부까지 결정하기 때문이다. 이처럼 [입시가 전쟁]인 상황에서는 대부분의 학생과 학부모는 패자가 되면 모든 것을 잃는다는 절박한 심정으로 전선으로 내달릴 수밖에 없다. 입시 전쟁에서 얻게 되는 전리품은 이른바 명문대 학생 자격이다.(고등학교 입시에서는 과학고나 외국어고 학생 자격이다.) 이 자격은 이어지는 취업 전쟁이나 인생 자체에서 절대적으로 유리한 고지를 선점하고 승자가 되기 위한 조건이 된다.

전장이 되어버린 한국의 교육 현장을 타파하길 바라는 간절한 마음을 한 시인은 이렇게 노래했다.

여기 오늘도 힘겨운 입시 전선에서 싸워야 하는

제자들이 있습니다.

……

신이여, 진정 당신이 더 아름다운 세상을 꿈꾸신다면

그들에게 힘을 주소서.

인내로도 헤쳐 나가기 힘든 입시 전선입니다.

그들에게 제도를 극복할 힘을 주소서.

　　　　　　　　　　　　　　　 – 김슬옹, 「입시 전선의 아이들을 위하여」

하지만 시인의 바람과 달리 이 불행한 체제(신자유주의)는 결코 학생들의 힘만으로 극복할 수 있는 허약한 상대가 아니다. 소수의 승자만이 아니라 모두가 행복한 삶을 누리는 사회를 만들기를 진정으로 바란다면, 시장 만능주의 무한 경쟁의 극단적 형태인 전쟁의 관점에서 교육을 바라보는 [교육(입시)은 전쟁] 은유가 우리의 사고를 지배하고 나아가 우리의 삶을 지배하도록 그대로 두어서는 안 된다. 이 은유는 하루속히 폐기하고 다른 관점의 은유가 우리의 사고 속에, 우리의 삶 속에 뿌리내리도록 우리 모두가 전력을 다해야 한다.

교육의 본질을
묻는다

'교육'은 언제나 대한민국의 뜨거운 관심사이며, 그것을 둘러싼 말들이 쏟아진다. '자녀 교육 때문에 부모 허리가 휜다', '공교육이 부실해서 사교육이 기승을 부린다', '자녀 교육을 위해 이민을 간다', '교육이 이대로 가다가는 나라의 장래가 암담하다', '입시 전쟁과 과도한 성적 경쟁으로 아이들이 행복하지 않다', '아이들의 인성이 황폐해졌다' 같은 흔히 들리는 이 말들은 대개가 현재의 한국 교육에 대해 비판적이다.

그런데 교육에 대해 쏟아지는 비판과, "지식이나 교양 등을 지니게 하거나 개인의 능력을 신장시키기 위하여 가르치고 지도하는 일"이라는 교육에 대한 사전적 정의나 "인간 행동의 계획적인 변화를 도모하는 활동"이라는 전문적 정의 사이에는 괴리가 있어 보인다. 다시 말해, 한국인들이 '교육'에 대해 이해하고 있는 방식의 세부 사항을 이러한 정의로 파악해내기는 힘들어 보인다. 이는 교육이 아주 포괄적이고 추상적인 개념이기 때문이다. 추상적인 개념은 구체적인 개념을 동원하여 은유적으로 이해하지 않으면 그 구체적 양상을 포착하기 힘들다.

기르고 키운다는 일

교육은 '가르칠 교(敎)'와 '기를 육(育)'의 한자어 합성명사이다. '가르치는 자(교육자)'가 '가르침을 받는 자(피교육자)'를 지식이나 기능으로 보살펴서 기르는 과정이 교육이라 할 수 있다. 그러면 교육의 본질은 '교육자'와 '피교육자'를 무엇으로 보는가에 따라 다양하게 파악될 수 있다. '새를 기르다'나 '화초를 기르다' 등에서 보듯이, 동사 '기르다'의 중심적인 의미는 "동물이나 식물을 보살펴 자라게 하다"로서 중의성을 보여준다. 따라서 '교육자'는 '사육자'일 수도 있고 '정원사'일 수도 있으며, '피교육자'는 '동물'이나 '식물'이 될 수도 있으며, 교육 그 자체도 '동물을 사육하는 활동'이나 '식물을 재배하는 활동'이 될 수 있다. 다음 표현들은 '교육'에 대한 한국인의 이러한 개념화 양상을 보여준다.

- 예술 교육은 실기의 달인을 양성하기보다 인격을 갖춘 예술가를 기르는 데 힘써야
- 교육이란 단순히 지식의 전달뿐만 아니라 학생 자신이 인격을 기를 수 있도록 해야
- 교육은 '유능하고 슬기로운' 사람들을 길러내는 일을 담당

'기르다'에 더하여, 교육 활동을 묘사하는 데 빈번하게 사용되는 또 다른 동사는 '키우다'이다. '시골에서 강아지를 키우는 삼촌', '아파트 베란다에 난초를 키우는 어머니' 등의 표현에서 보듯이, "사람이 동식물을 보살피고 돌보아 기르다"라는 이 동사의 중심적인 의미도 중의성을 띤다. 키우는 대상이 동물 또는 식물 중 하나이기 때문이다. 동사 '키우다'를 교육을 기술하기 위해 사용한다는 사실은 한국인들이 교육을 '동물을 사육하는 활동'이나 '식물을 재배하는 활동'으로, 교육자를 '사육자'나 '정원사'로, 피교육자를 '동물'이나 '식물'로 개념화한다는 것을 보여준다. 다음의 예문을 살펴보자.

- 어떤 국가나 기업이든 창의적인 인재를 키우는 교육 혁명 없이는 미래 변혁을 주도할 수 없다고

- 아이들의 자질을 키워주는 교육을 선행하고 입시 위주의 교육 풍토는 지양해야
- 융합적 사고력과 문제 해결 능력을 키우는 융합 인재 교육 STEAM

'기르다'와 '키우다'의 중심적인 의미만으로는 한국인들이 교육을 식물 재배 과정으로 보는지 동물 사육 과정으로 보는지 정확하게 구별할 수 없다. 동물 사육 과정을 묘사하는 어구가 교육을 묘사하는 데 사용되는 경우는 '기르다'와 '키우다' 외에는 찾아보기 어려운 반면, 식물과 관련된 어구는 아주 풍부하다. 이것은 한국인들이 교육과 관련하여 '기르다'나 '키우다'의 대상인 학생을 동물보다는 식물로 이해한다는 것을 암시한다. 즉, 교육의 본질을 식물 재배 과정을 통해 이해하는 경향이 두드러진다고 볼 수 있다.

식물을 보살피듯 아이들의 삶을 가꾸는 교육

글자 그대로의 의미로 사용될 때, '꽃', '결실', '뿌리', '꽃피우다', '피어나다', '가꾸다', '뿌리를 내리다', '근절하다' 등의 표현은 식물의 다양한 요소나 속성, 식물 재배와 관련된 다양한 활동을 묘사한다.

그런데 이러한 표현은 교육을 기술하는 데에도 사용된다.

- 재능을 꽃피울 수 있는 교육 환경을 만들어주세요.
- 교육의 결실은 억압과 통제가 아니라 자유로움과 협력, 인정과 격려 속에서 피어난다.
- 글쓰기 교육이 아이들의 삶을 가꾸는 교육이 되어야 한다는 것을 강조한다.
- 인재 육성을 위한 훌륭한 교육
- 사교육을 근절하다

식물은 씨앗에서 싹이 트고, 그 싹에서 줄기와 가지와 잎이 자라고 꽃을 피우고 열매를 맺는 과정을 거친다. 이 과정에서 식물을 재배하는 사람은 씨앗을 뿌리고, 거름을 주고, 잡초를 제거하고, 병충해를 막기 위해 농약을 치고, 가지를 치고, 성장 상태를 확인하는 등

[교육은 식물 재배]
|
교사 ⋯ 정원사
학생 ⋯ 식물
사랑/관심 ⋯ 자양분
인성 ⋯ 씨앗/꽃 등

다양한 활동을 한다. 이와 유사하게 교사들은 학생들에게 사랑과 관심을 베풀고, 지식이나 기능을 전달하고, 사회적 해악으로부터 학생들을 보호하기 위해 세심한 관찰과 면담, 조언을 하고, 훈화를 하고, 평가하는 등 다양한 활동을 한다.

학생은 어린 나무, 교사는 식물을 재배하는 사람, 지식이나 기능·사랑·관심은 자양분, 창의성이나 인성·개성은 나무의 본질적 부분(뿌리, 줄기, 가지, 잎 등), 전인으로 성장한 학생은 잘 자란 나무에 각각 대응한다. 다음은 [교사는 정원사]와 [학생은 식물]의 은유를 보여준다.

- 과일나무를 <u>가꾸듯</u>, 교사는 정성스럽게 학생들을 <u>보살펴야</u>
- <u>새싹</u>이 많은 자양분과 물을 먹고 자라듯이 학생들은 교사의 <u>사랑과 열정을 먹고 자란다.</u>
- 우리들은 씩씩한 어린이라네 금수강산 이어받을 <u>새싹</u>이라네

어떤 식물이든지 씨앗에서 싹터서 완전한 식물로 성장하려면 식물의 본질적 구성 요소인 줄기, 가지, 잎 등이 조화롭게 자라고 뿌리가 튼튼하게 내려야 한다. 그와 유사하게 학생이 전인으로 성장하려면 체력은 물론이고 인성, 창의성, 판단력, 사고력을 균형 있게 길러야 한다. '씨앗', '싹', '틔우다', '꽃피우다', '메마르다', '가꾸다', '기르다', '함양', '배양' 등의 표현이 교육을 기술하는 데 사용된다는 사실은 창의성과 인성, 사고력은 물론 체력이 식물 자체(로나 적어도 식물의 본질적인 요소)로 개념화된다는 것을 예증한다. 창의성과 인성, 사고력이 구체적으로 식물의 어떤 요소에 해당하는지는 언어적으

로 세밀하게 발현되지 않으며, 이 구체적인 세분은 학생의 정신적 성장 과정을 이해하기 위한 개념화에서 별로 중요한 문제가 아니다.

- 사교육에 매달리고, 스펙 쌓기에 여념이 없는 토양에선 창의성의 씨앗/싹이 자랄 여지가 없다.
- 칭찬은 창의성을 꽃피운다.
- 고전에서 메마른 인성을 풍요롭게 가꿔줄 만한 명문을 가려 뽑아
- '21세기 리더십' 강좌는 유명 인사들을 초청해 학생들에게 도전 정신과 사고력, 이해력 및 창의력을 길러줌으로써 따뜻한 심성과 올바른 가치관을 가진 사회의 리더를 양성하기 위한 목적으로 생겼다.
- 인성/창의적 사고력/체력 배양 및 함양

성장으로 나아가는 기나긴 여정

앞에서 한국인들이 학생의 정신적·신체적 성장을 지원하는 과정을 생물, 그중에서도 특히 식물의 성장 과정을 통해 은유적으로 이해하는 양상을 살펴보았다. 이 은유가 한국인들이 교육의 본질을

이해하는 유일한 개념화 방식은 아니다. [교육은 식물 재배]만큼 빈번하지는 않지만, '여행'을 통해서도 은유적으로 이해한다.

- 꿈을 향한 교육 여정을 담은 동영상 자료를 시청하며
- 교과 진도 계획
- 오히려 대학 교육과정을 따라가기 위해서는 고교 과정에서부터 기본 교육을 철저히 받는 게 더 시급하다고
- 자녀 교육 가이드
- 교사용 지침
- 12년 교육 나침반
- 아즈하르는 천 년 이상 이슬람 교육의 등대로서 그 빛을 밝혀
- 모든 교육의 출발점은 학교가 아니라 가정
- 이후에 우리의 교육은 여러 갈래의 길을 걸어오고 있습니다.
- 미래 사회의 국제 경쟁력을 키우기 위한 창의성 배양이라는 선로에서 이탈한 지 오래며
- 일선 영어 교사들의 영어 구사 능력도 영어 회화 교육에 걸림돌이 되고
- ○○대, "정부의 '3불 정책'(본고사 금지, 기여 입학제 금지, 고교 등급제 실시 금지)은 교육의 암초" 주장
- 그것은 교육의 수레바퀴 밑에서 깔려 신음하는 청소년들이 세

계에서 가장 많다는 것을 의미할 따름이다.

[교육은 여행]
|
학생 ⋯ 여행자
교사 ⋯ 안내자
교육 목표 ⋯ 목적지
교육과정 ⋯ 로드맵
⋯

'나아가다', '뒤처지다', '이탈하다', '걸어가다' 등의 의미를 정의하는 바탕이 되는 '여행' 프레임에는 여행자와 출발점, 목적지, 여행의 경로가 있다. '출발점', '목적지', '길', '과정', '로드맵', '나침반', '지침', '지표', '등대', '선로 이탈', '디딤돌', '걸림돌', '암초', '따라가다', '뒤떨어지다' 등 여행 프레임의 어구가 교육을 묘사하기 위해 사용된다. 이것은 한국인들이 교육의 한 측면을 여행의 관점에서 이해한다는 것을 예시한다.

한국인들이 교육을 은유적으로 여행이라고 이해한다면, 이때 학생은 여행자이고 교사는 여행 가이드이며, 자기 주도적인 학습은 교육이라는 여행을 가이드 없이 혼자 하는 것에 해당한다. 다음은 이러한 은유적 대응을 예시하는 표현들이다.

- 교사는 학생들에게 나아갈 길과 방향을 제시해야
- 교사는 학생들이 나아갈 길을 비추어주는 등대가 되어야
- 교사는 자신의 철학이나 지도 방향에 따라 학생들을 바른 길로 인도해야
- 자기 주도적 학습

- 교사는 그저 <u>안내자</u>일 뿐 <u>스스로 갈 길을 찾는</u> 아이들은 스스로의 삶을 더 나은 방향으로 변화시킬 수 있다.

공동체를 살리는 교육이란?

지금까지 교육을 묘사하는 은유적 표현의 분석을 통해 교육의 본질에 대해 살펴보았다. 그러면, 한국인들은 교육의 본질적 기능을 제대로 발휘하여 우리 사회를 건강하게 이끌 인재를 양성하고 있을까? 현재의 교육이 인성과 창의성 함양을 통한 전인 양성이라는 본연의 기능을 수행하지 못하고, 출세와 성공의 수단이자 통로로 작용하고 있다는 데에 대부분이 고개를 끄덕일 터이다.

'대한민국 <u>교육</u>의 1급 <u>고질병</u>, 주입식 교육', '<u>중병에 시달리고 있</u>는 우리 <u>교육</u>의 현실', '우리 <u>교육의 고질병</u>인 사교육 열풍', '<u>합병증</u><u>을 앓고 있는</u> 우리 <u>교육</u>', '우리 <u>교육</u> 현실, <u>중병</u> 아닌 <u>말기 암 상태</u>' 등은 개념적 은유 [교육은 생명체]에서 언어적으로 발현되는 표현이다. '중병'이나 '고질병', '말기 암'이 암시하는 바와 같이, 현재의 한국 교육은 중병에 걸린 환자와 다를 바가 없다. 교육 당국에서는 '배려와 나눔을 실천하는 창의적인 인재 육성'을 강조하고 있고 이는 중요한 가치임이 분명하다. 하지만 극히 일부만 승자가 되고 대다수는 패자가 되어 승자 독식을 당연시하는 시장 만능주의 무한 경쟁의 당연한 귀결인 엘리트주의 교육의 현실에서 나눔과 배려라는 공동체 가치를 체화하기란 정말 어려운 일이다.

병든 교육은 병든 사회를 반영하는 지표일 뿐이다. 더 늦기 전에 학생들로 하여금 지덕체를 겸비한 전인으로 성장하도록 촉진하는 교육의 본질로 돌아가야 한다. 하지만 이 과제는 화려한 구호성 목표만으로는 결코 달성할 수 없다. 우리 사회를 지배하고 있는 신자유주의적 기조와 가치를 바꾸어야만 가능하다.

초등학교 다닐 때 읊조렸던 노랫말들이 떠오른다.

앞에서 끌어주고 뒤에서 밀며/우리나라 짊어지고 나갈 우리들
냇물이 바다에서 서로 만나듯/우리들도 이 다음에 다시 만나세

발맞추어 나가자 앞으로 가자/어깨동무하고 가자 앞으로 가자
우리들은 씩씩한 어린이라네/금수강산 이어받을 새싹이라네

교육이 남보다 앞서가야만 하는 '경주'가 아니고 모두가 함께하는 '여행'이라면 어떨까? 아니면 교육이 더 비싸게 팔아먹기 위한 집이 아니라 더불어 살아가야 할 집을 온 마을 사람들이 함께 짓는 '건축'이라면 더 행복하지 않을까?

'교육'은 '행복한 사회'라는 멋진 예술품을 함께 만들어가는 과정이라야 하지 않을까? 다시 말해, [교육은 협동적 예술 작품(의 창작)] 은유에 따라 살아가는 삶이 모두를 지금보다는 더 평안하게 해주지 않을까?

2장

경제적 사고와 은유

품절되고
반품되는 사람들

다음은 2017년 이낙연 국무총리 지명자에 대한 인사 청문회 경과보고서 채택을 앞두고 야당의 한 국회의원이 한 말이다. 여기서 화자인 국회의원은 위장 전입으로 도덕성 논란을 빚은 총리 지명자를 불량 상품으로, 국민들의 대표자인 국회의원들을 상품의 구매자로, 이제 막 출범한 정부를 신장개업한 상점으로, 총리 지명을 한 대통령을 불량 상품을 팔려는 상점 주인으로 묘사하고 있다.

어떻게 보면 <u>개업식</u>에 와 있는 심정입니다. 웬만하면 <u>물건을 팔아주고 싶은데 물건이 도저히 하자가 심해서 팔아줄 수 없는</u> 딜레마에 봉착해 있다는 말씀을 드립니다. 이런 경우에는 물건을 <u>파시는 분</u>이 뭔가 해명을 좀 하셔야 할 것 같습니다.

이 국회의원의 발언은 은유의 본질과 작동 방식에서 나온 것이다. 즉, 우리 마음속에 사람을 상품으로 인식하는 기제가 자동적으로 작동하고 있기 때문에 총리 지명자의 부도덕성을 비판하기 위해 아마도 거의 무의식적으로 '상품의 심각한 하자'라고 묘사했을 것이다. 간단히 말해, 앞의 발언은 우리 마음속에 깊숙이 자리 잡은 개념적 은유 [사람은 상품]이 언어적으로 드러난 표현이다.

결혼을 지배하는 상업주의 의식

'상품'은 상거래의 핵심 요소 중 하나이다. 상거래 프레임은 상품과 돈, 판매자, 구매자로 구성된다. 상거래 관계에서 판매자는 상품을 가지고 있고 구매자는 돈을 가지고 있으며, 판매자와 구매자는 적절한 가치 평가에 따라 돈과 상품을 교환한다. 품질이 좋은 상품은 많은 구매자들이 사려 하기 때문에 높은 가격에 팔리고 품질이 나쁜 상품은 값이 내려간다. 상품을 산 뒤에 구매자가 구매를 취소하기도 한다.

상거래 관계의 요소와 특성은 다양한 인간관계를 이해하는 데 사용된다. 상거래 관계의 특성이 두드러지게 나타나는 인간관계 중 하나가 '결혼'이다. 이것은 '결혼'과 '중매'가 상거래 장소를 가리키는 '시장'과 결합한 합성어 '결혼시장'과 '중매시장'에서 분명히 알 수 있다. 이 시장에서 매매되는 상품은 신랑 혹은 신부, 즉 배우자로 선택되는 사람들이다. '품절남'이나 '품절녀'라는 표현은 배우자를 상품으로 보는 인식 ─ 즉 [배우자는 상품] 은유 ─ 이 우리의 마음속에 깊숙이 자리 잡고 있음을 보여준다.

- 가요계 테리우스 신성우 품절남이 되던 날
- 이제 막 결혼한 성유리 씨를 비롯해서 많은 품절녀 스타들이 예쁘고 행복하게 잘 살길
- 윤진서는 지난달 30일 제주도에서 일반인 남자 친구와 결혼식을 올리며 품절녀 대열에 합류했다.
- 봄바람 불자 스타들 품절남 품절녀 행진
- 여성스럽게 생긴 외모에 국문학을 전공한 새침데기 아가씨의 인기를 굳이 강조할 필요는 없을 것이다. 그녀는 어떤 운 좋은 남자에게 금방 품절되어서 결혼을 한 뒤 현모양처의 길을 걸었다.

"상품이 다 팔리고 없음"을 뜻하는 '품절'이 "결혼 적령기의 남성과 여성이 미혼에서 결혼으로 상태가 변화함"을 지시하는 데 사용되고 있다. 결혼 적령기에 있다고 해서 누구나 낱말 '품절남'과 '품절녀'의 범주에 들어가거나, 동사 '품절되다'의 서술을 받을 수 있는 것이 아니다. '신성우', '성유리', '윤진서'처럼 대중적 인기를 바탕으로

> [사람은 상품]
> |
> [결혼은 상거래]
> |
> 배우자 … 상품
> 결혼 … 상품 구매
> 결혼 … 품절
> 이혼 … 반품
> …

현재 상당히 높은 소득을 올리고 있고 앞으로도 그럴 수 있다고 여겨지는 연예계 스타들이 주로 '품절 남녀'의 범주에 들어간다. 비록 연예인이 아니더라도 빼어난 미모와 매력을 지닌 결혼 적령기의 여성은 '품절녀'의 범주에 들어갈 수도 있다. 빼어난 미모와 매력은 경제적으로 많은 보상이 주어지는 높은 인기의 근원이라고 흔히들 믿기 때문이다.

구입했던 상품의 품질이 기대에 미치지 못한다고 판단할 때 구매자는 약정 조건에 따라 상품을 반품할 수 있다. 결혼이 배우자라는 상품을 구매하는 거래 행위로 개념화된다면, 이혼한 사람은 당연히 구매자가 마음을 바꾸어 반환하는 상품으로 개념화된다. 이것은 자신이 이혼을 원했든 원하지 않았든 별로 상관이 없다. 더 나아가 결혼을 전제로 오랫동안 유지해왔던 연인 관계가 파탄한 경우에도, 해당 연예인들은 흔히 서로에게서 반품당한 상품, 즉 '반품남', '반품

녀'로 간주된다.

- 최근 주아민과 결별한 MC몽이 반품남 클럽 막내로 합류해 눈 길을 끌었다.
- 노홍철이 '소지섭 결별설'을 언급하며 '반품남 팀 합류'를 적극 적으로 요구하고
- '여자 스타와 결별한 가장 매력적인 반품남은?'이란 설문 조사 에서 이병헌이 1위를 차지했다.
- '반품녀'로 안방극장 돌아온 이민정, 로코퀸 예약?
- 5년째 연인 관계를 이어오던 하하-안혜경 커플, 반품남 반품녀 대열에 합류

대중적으로 높은 인기를 누리는 연예인을 배우자감으로 가리키 는 '품절남', '품절녀', 그 반대어인 '반품남'과 '반품녀'는 네이버 뉴 스라이브러리에 2008년 처음 등장해 지금까지도 텔레비전이나 신 문에서 빈번하게 사용되고 있다. 이 합성어들은 배우자나 연인의 여러 속성 중에서 현재의 경제적 능력과 미래의 경제적 역량을 가 장 중시하는 세태를 반영하는 것으로 보인다. 이러한 합성어는 모 두 개념적 은유 [결혼은 상거래]에서 언어적으로 발현되는 사례이 다. 이 은유는 단지 우리의 언어생활에만 영향을 주는 것이 아니라

삶과 행위 양식까지도 지배한다. 전문 기업의 형태로 처음 출현했던 1990년대 이래로 현재까지 점점 더 번성하고 있는 결혼 정보 회사는 [결혼은 상거래] 은유의 비언어적인 발현 사례로서 우리의 결혼 문화는 물론 삶 전반에 엄청난 영향을 미치고 있다. 현재 우리 사회의 많은 결혼들이 이러한 회사가 결혼 희망자들에게 매기는 등급의 영향권 안에서 이루어지고 있기 때문이다. 한마디로, [결혼은 상거래] 은유가 우리 삶의 중요한 과정인 결혼을 지배하고 있다.

모두가 명품이 되기를 바라는 병든 사회

결혼 관계나 연인 관계를 상거래 관점에서 이해하는 은유적 사고는 역사적으로 '돈이 모든 것에 우선하는' 신자유주의 시대를 살아가는 우리들의 마음속에만 있는 것일까? [결혼은 상거래] 은유는 물론 그 하위 은유인 [배우자는 상품] 은유는 전통적인 혼인 풍습 속에 역사적으로 오랫동안 자리 잡고 있었다.

영국 화가 에드윈 롱이 1875년에 그린 〈바빌론의 결혼 시장〉은 이 은유의 역사성을 보여준다. 이 그림은 기원전 500년경 역사상 최초의 경매시장을 묘사했다고 알려져 있다. 이 시장에서는 아름다운 여성 순으로 경매가 진행되었다고 한다. 그곳에서 상품은 여성

에드윈 롱, 〈바빌론의 결혼 시장〉

이었고, 구매자는 정치적 권력과 경제적 능력(돈), 사회적 지위를 지닌 남성이었을 것이라 쉽게 추론할 수 있다. 여성이 경제적 역량을 지닌 구매자로서 건장하고 매력적인 남성을 선택했다고 추론하기는 어려울 터이다. 한마디로, 미모의 젊은 여성은 배우자로서든 단순한 성적 파트너로서든 남성 우위 사회에서 흔히 부를 소유한 남성이 구매 욕망을 실현할 수 있는 고가의 물건(상품)이었다.

　사람을 상품으로 개념화하는 우리의 사고방식은 연인이나 배우자에만 국한되지 않는다. 1장에서 살펴보았던 [교육자는 상품] 은유나 [학생은 상품] 은유처럼 다른 범주에 들어가는 사람들도 상품으로 이해하는 일이 매우 많다. 학교 밖에서도 이러한 은유는 흔히 찾아볼 수 있다. 다음의 예에서 보듯이 한국인들은 전문적인 직업인의 범주에 들어가는 의사나 변호사 역시 하나의 상품으로 이해한다.

- (코의) 명품 옆선을 만드는 명품 의사, 김○○ 원장
- 원칙과 소신을 지킨 컴퓨터계의 명품 의사 안철수
- 이 사건의 자세한 내용과 적용된 법리를 명품 변호사 조○○ 변호사가 해설합니다.
- 명품 변호사, 그의 변호사 철학은 사건 준비에 필요한 충분한 검토와 조사 후에 사건을 진행함으로써

경쟁 만능의 시대에 어떤 의사가 다른 의사들과의 치열한 경쟁에서 더 뛰어난 역량과 기량을 보여줄 때 그는 더 나은 치료를 받고 싶은 환자들에게 더 좋은 상품으로 인식된다. 변호사도 마찬가지다. 형사 사건이나 민사 소송에 휘말린 의뢰인들에게 승소율이 높거나 기소유예와 집행유예와 형량 감경을 이끌어내는 데 뛰어나다고 알려진 변호사는 꼭 구매해야 할 좋은 상품이 된다.

의사와 변호사 외에도, '명품 가수', '명품 배우', '짝퉁 개그맨', '프로야구 선수 몸값' 등의 표현에서 짐작할 수 있다시피, 오늘의 한국인들은 어떤 전문적인 직업 범주나 사람들을 상

[사람은 상품]
|
[경쟁의 승자는 명품]
|
극소수의 승자만
행복한 사회

품으로 인식하는 경향이 강하다. 무한 경쟁과 승자 독식, 각자도생의 신자유주의 시대에 상업주의 의식이 깊어질수록 이러한 경향이 끝없이 강해지지 않을까 심히 우려된다. 그러면 우리 사회는 권력과 금력, 지위를 다 가진 극소수만이 만족감을 누리고 다른 모두는 패배감에 젖어 사는 암울한 상황을 맞이할 터이다. 이것은 분명히 회복 불가능할 정도로 병든 사회의 징후이다. 이 걱정이 나만의 기우일까?

멈춰 세워야 할 [사람은 상품] 은유의 질주

노예제 사회에서 노동력 제공을 맡은 인간(노예와 노비)은 아무런 권리를 인정받지 못한 채 주인의 소유물로서 거래할 수 있는 상품이었다. 물론 현대 사회에서는 노동력을 제공하는 사람을 직접 사고파는 것이 불법이다. 하지만 노사관계에서는 사람이 제공하는 노동력이 흔히 가치를 지닌 상품으로 간주되며, 노동자가 노동력을 파는 대가로 얻는 임금은 제공하는 노동의 양과 질, 시간을 참조해 결정된다. 물리적 노동력 외에도 우리는 사람의 다양한 역량―창의력, 기술력, 추진력 등―을 사고팔 수 있는 자원으로 본다. 다양한 범주의 사람을 묘사하는 데 사용되는 품절남, 품절녀, 반품남, 반품녀, 상폐남(상장폐지 남성), 상폐녀(상장폐지 여성), 우수 학생 입도선매, 명품 교사 등의 낱말은 이러한 인식을 잘 보여준다.

[사람은 상품] 은유의 언어적 발현은 이러한 표현에서 멈추지 않는다. 교육을 관장하는 정부 조직을 '교육인적자원부'라 명명한 김대중 정부의 발상, 방송 초기부터 자신들이 평균 이하의 '저질 체력'이라고 외치던 〈무한도전〉 출연자들의 유희, 시상식에서 '원산지는 전남이고 유통 지역은 경남'이라고 자신을 소개하는 수상자의 발언, '연식이 오래되어서 그런지 여기저기 고장이 나서'라고 말하는 중년의 너스레, 더 나은 연봉과 노동 조건을 위해 '스펙' 쌓기에 몰두하는 대학생들의 열정은 모두 인간(의 다양한 역량)을 사고팔 수 있는 자원으로 보는 인식에 근거한다.

이 글의 첫머리에서 언급한 국회의원의 발언으로 돌아가보자. 그는 국무총리 지명자 이낙연이 인격의 상징인 도덕성과 품성, 덕성을 겸비하지 못해서 고위 공직에 부적합하다는 주장을 효과적으로 펼치기 위해 '하자 물건', '상점 주인', '팔아주다' 등의 표현을 사용했다. [고위 공직자는 상품], [정부는 상점], [대통령은 상점 주인] 등의 은유적 대응은 우리의 머릿속에 비록 관습화되어 있지는 않지만 상거래의 관점에서 사람을 상품으로 이해하는 은유적 사고인 [사람은 상품]에서 충분히 나올 수 있는 하위 대응이다.

그 국회의원은 이 은유를 기민하게 활용하여 자신의 의도를 십분

달성했을지 모른다. 하지만 나는 그의 성공적인(?) 언어 사용이 언짢다. 품절남과 품절녀, 반품남, 반품녀라는 유행어가 불편하다. '사랑을 팔고 사는 꽃바람 속에…… 홍도야 우지 마라…… 아내의 나갈 길을'이라는 노랫말도 쓸쓸하다. '명품 교장'도 별로 존경하고 싶지 않다. 명품 학자가 되는 일은 정말 싫다. '입도선매되는 우수 학생'도 귀엽지 않다. '매물 시장에 나온 신부'는 더더욱 사랑스럽지 않다. 이러다가 세상의 모든 사람이 다 상품이 될 판이니까. 게다가 비교를 하는 과정에서 아주 일부의 사람만이 명품이 되고 대부분의 사람들은 불량 상품이 되어 버려지게 될 테니까. [사람은 상품] 은유의 약진은 어디에서 멈출까?

'적폐 청산',
무엇을 어떻게?

　　'최순실에 의한 국정 농단' 사태의 여파로 예정보다 더 빨리 치르게 된 2017년 5월의 19대 대통령 선거에 출마한 문재인 후보는 '적폐 청산'을 주요 과제 중 하나로 내세웠다. 당선된 이후 문재인 대통령과 정부는 그동안 쌓였던 많은 불법과 부정, 부패를 파헤치고 있다. 하지만 다른 한편에는 적폐를 청산하려는 현 정부의 의지와 활동을 '정치 보복'이나 '복수'로 규정해 프레임 전환을 시도하며 강력하게 반발하는 세력도 있다.

　• 적폐 청산 내걸고 정치 보복의 헌 칼 휘두르는 망나니 굿판을
　　즉각 중단하라!

- 지금 서로 전(前), 전전, 전전전 (정권을) 때려잡느라고 완전히 정신이 없다. …… 복수하려고 서로 정권을 잡느냐. 나라를 잘 되게 해야지 무슨 복수를 하려고 (정권을 잡나) ……
- 역대 이런 정권이 없었다. …… 이런 정치 보복은 없었다. 이렇 게 하면 안 된다. 이렇게 하면 결국은 나라가 망가지는 것.

적폐란 무엇인가?

'적폐 청산'은 두 개의 명사 '적폐(積弊)'와 '청산(淸算)'으로 구성된 어구이다. 사전에 기록된 문자적 의미를 보면 '적폐'는 "오랫동안 쌓이고 쌓인 폐단"을, '청산'은 "어떤 일이나 과거의 부정적 요소를 깨끗이 씻어버림"을 나타낸다. '청산'의 문자적 의미는 청산의 대상이 깨끗하지 않은 상태, 즉 더러운 상태에 있음을 전제한다. 실제로 적폐의 사례에 들어가는 잘못된 관행, 부정부패, 비리, 부조리, 악습 등은 흔히 은유적으로 더러운 물건이나 물질로 개념화된다. 달리 말하면, [적폐는 오물]이다.

- 김 교수는 일제 식민 잔재의 청산에 각별한 관심을 가져왔다.
- 부정적인 과거의 청산 없이는 밝은 미래를 창조할 수 없다.

- 물론 과거 어떤 정부보다도 사회 부조리를 청산하려고 하고 국민들과 소통하려고
- 관내 관공서와 기관, 사회단체, 기업체들이 공동으로 부패 청산을 위한 청렴 이행 서약을 함으로써 입찰과 용역, 물품 구매 등 불공정 행위를 하지 않기로 결의
- 우리 사회 전반에 잘못된 관행과 적폐를 청산하려는 움직임이 일고 있지만

앞의 표현들에서 '청산'의 대상인 '잔재'나 '과거', '부조리', '부패', '불공정 행위', '잘못된 관행'은 물리적인 형태가 있는 구체적인 물건을 지시하는 것이 아니라 상태나 과정, 활동과 같은 추상적인 사물을 가리킨다. 예컨대 '잔재'는 "과거의 낡은 사고방식이나 생활양식의 찌꺼기"를, '과거'는 환유적으로 지난 시대에 만연하던 뇌물수수나 부정부패와 같은 불법적 관행을, '부조리'는 일종의 부정행위를 나타낸다. 청산의 대상인 '적폐'는 분명히 물리적인 물건이 아니지만, 우리는 이러한 적폐들을 은유적으로 직접 지각할 수 있는 물건처럼 이해한다. 이것은 '적폐'가 "깨끗이 씻어버림"을 의미하는 '청산(하다)'의 대상물

'청산'="깨끗이 씻어버림"
+
'적폐'=청산의 대상물
|
'적폐'는
더러운 상태에 있는
어떤 것
|
[적폐는 오물]

역할을 한다는 점에 반영되어 있다.

달리 말하면, 은유적으로 [적폐는 오물]이다. 일상생활에서 오물이 몸과 옷에 묻어 있거나 주변에 널려 있을 때, 그것은 우리에게 해롭고 우리는 그에 대해 불쾌함을 느낀다. 그 반면에 몸과 옷에서 오물을 씻어내거나 주변의 오물을 깨끗하게 치웠을 때, 그것은 우리에게 유익하고 우리는 상쾌함을 느낀다. 타인(들)에게 유익함과 상쾌함을 주는 행위는 도덕적인 반면, 해로움과 불쾌함을 끼치는 행위는 비도덕적이다. '적폐'가 은유적으로 '오물'이라면, '적폐를 청산하는 것'은 '오물을 치우는 것'이며 주변의 다른 사람들에게 유익함을 주는 도덕적인 행위이다. 따라서 '적폐 청산'은 개념적 은유 [도덕성은 깨끗함, 비도덕성은 더러움]의 언어적 발현이다.

왜 '일소'가 아니고 '청산'인가?

'적폐'가 은유적으로 '더러운 물건'으로 개념화된다면, '적폐를 깨끗이 없애다'라는 의미는 '적폐 일소'라는 어구로도 충분히 전달할 수 있을 터이다. 실제로 박정희는 1961년 5·16 군사 쿠데타로 권력을 잡은 뒤 정당성을 확보하기 위한 공약을 발표하면서 '일소(一掃)'를 사용했다. 전두환은 1979년 12·12 군사 쿠데타로 권력을 탈취하

고 1980년 5월의 광주민주화운동을 총칼로 진압한 뒤 국가보위비
상대책위원회를 조직하면서 밝힌 활동 목표에 '일소'라는 낱말을
사용했다. 한마디로 부정부패와 부조리, 사회악이라는 '적폐'를 '일
소'하여 사회를 '정화'하겠다는 말이다.

- 이 나라 사회의 모든 부패와 구악을 일소하고 퇴폐한 국민 도
  의와 민족정기를 바로잡기 위해 청신한 기풍을 진작시킨
  다.(1961년 5·16 군사혁명 공약 3항)
- 국내외 정세에 대처하여 국가 안보 태세를 강화하고, 국내외
  경제 난국의 타개에 능동적으로 대처하기 위한 합리적인 경제
  대책을 뒷받침하며, 사회 안정의 확보로 정치 발전을 위한 내
  실을 다지는 한편 부정부패, 부조리 및 각종 사회악의 일소로
  국가 기강을 확립한다.(1980년 5월 31일 발표한 국가보위비상대책위
  원회 활동 목표)

그렇다면 왜 군이 '적폐 청산'이라는 어구를 사용할까? 그 실마리
는 '청산'의 '산(算)'이 가진 의미, 다시 말해 '계산(하다)'과 '셈(하다)'
에서 찾을 수 있다. '청소'나 '일소'와 달리, '청산'은 "더러운 것을 깨
끗이 씻어버림"이라는 의미 외에 "채무 채권 관계를 셈하여 정리함"
이라는 추가적인 의미를 지니고 있다. 이 덧붙은 의미로 쓰일 때, '청

산'은 주로 '빚', '체불임금', '채무 관계' 등의 표현과 결합한다.

- 나는 식당 인부와 밀린 밥값 청산 관계로 말다툼을 했다.
- 채무 관계의 청산이 이루어지고 나면 서둘러 이민 수속을 밟을 거야.
- 체불임금을 청산하지 않은 사업주가 구속됐다.
- 100억 원에 달하는 빚을 청산하고 재기한 스토리
- 왕 회장은 "모든 해외 부채를 청산하기로 했다"고 선언했다.

빚이나 부채는 타인에게 갚아야 할 돈이다. 돈거래를 할 때 우리는 계산을 한다. 사회적 관계에서 빚을 갚는 것은 도덕적인 행위이지만 빚을 갚지 않는 것은 비도덕적 행위이다. 우리는 이 금전 거래에 내포된 도덕성을 확대해서 일반적인 도덕성을 이해한다. 금전적인 빚은 물론이고 도덕적 빚도 갚아야 한다. 이것은 사회생활에서 지켜야 할 우리의 의무이다. "금전 거래에서 채권과 채무 관계를 계산(셈)하여 정리하는 절차"를 가리키는 '청산'이 '적폐'를 서술하는 데 사용된다는 것은 삶에 해악을 끼치는 적폐를 빚으로 간주하고, 적폐라는 빚

적폐 청산과
도덕적 회계

[적폐는 오물]
+
[도덕성은 깨끗함]
↓
오물을 줄이는 것은
도덕적 행위
↓
적폐 청산은
도덕적 수지
균형 맞추기

을 다 정리하는 것을 도덕적 의무로 개념화하는 은유적인 사고방식을 반영한다. '도덕적 회계 은유'라 불리는 이 사고과정 덕택에 우리는 '적폐 청산'이라는 어구를 거의 무의식적으로 사용하고 그 의미를 별다른 노력 없이 자동으로 이해한다.

같은 이름, 다른 생각

문재인 정부가 들어선 뒤 시민들은 삶에 해악을 끼치는 수많은 적폐를 청산하도록 요구하고 있다. 다음은 촛불 시민들이 요구하는 적폐 청산에 대한 언론 보도의 일부이다.

- 적폐 중의 적폐, 공공 기관 채용 비리와의 전쟁 선포
- 새 정부가 공공 기관의 적폐 중 하나인 탈세 근절을 위해 박차를 가하고 있는 모양새다.
- 공공 부문 민영화 정책은 '적폐': '통신 민영화 15년, 이대로 갈 것인가'
- 금융위원장 "관행이란 명목하에 이뤄졌던 채용 비리, 황제 연봉 등 금융권 적폐 청산하겠다"
- 도제식 수련 환경과 우월적 위치를 이용한 갑질과 폭력과 같은

인권유린은 바로 의료계의 대표적 적폐라는 지적이다.

• "기술 탈취는 납품 단가 후려치기와 함께 대기업의 대표적 갑
  질 횡포로 반드시 근절해야 하는 적폐"라며

적폐 청산 요구는 촛불 시민이나 진보주의자들의 전유물이 아니
다. 보수주의자들도 적폐 청산을 요구한다. 이명박 정부는 좌파가
집권한 "잃어버린 10년" 동안 쌓인 적폐를 청산해야 나라가 선진화
할 수 있다고 주장했으며, 박근혜 정부는 국민 안전을 위해 "국가 개
조" 차원에서 60년간의 적폐 청산을 외쳤다. 이는 당시 언론 보도를
찾아보면 수많은 기사와 논설에서 쉽게 확인할 수 있다.

• 이명박 정부와 제1당이 된 한나라당부터 과거 정권의 적폐를
  청산하고 과감한 변화 드라이브로 선진화의 길을 열어야
• 박근혜 대통령은 공직 사회의 적폐를 청산하는 국가 개조 방안
  으로 '관피아(관료+마피아)'와 비리 사슬 대책을 이달 중순 발표
  한다.
• 홍준표 후보의 청산 대상은 '종북 세력'과 '강성 귀족 노조', 전
  국교직원노동조합이다.

자신들이 집권하던 시절에 나라의 '선진화'와 '개조'를 위해 '적폐

청산'이 필수적이라 강조했던 국민의힘(전 한나라당/새누리당/자유한국당/미래통합당)은 야당이 된 이후에는 문재인 정부에서 시도하고 있는 '적폐 청산'에 강력하게 반발하고 있다. 자기모순처럼 보이기도 하지만, 그들은 다만 자신들의 보수적인 세계관에 충실하게 '적폐 청산'을 주장하고 있을 뿐이다. 보수의 도덕성 체계에서는 가장 중요한 가치가 '힘'과 '권위'이고 합당한 권위와 힘의 행사에 걸림돌이 되는 것들은 모두 당연히 적폐로 간주되기 때문이다.

잘못된 관행, 부정부패, 비리, 부조리, 악습 등의 적폐를 청산해야 한다는 데에는 진보적이든 보수적이든 거의 모든 국민이 동의한다. 그렇지만 무엇을 즉시 청산해야 할 적폐의 사례로 보는가는 저마다 우선순위가 다르다. 정의당을 비롯한 한국의 진보는 정경 유착에 의한 부정부패나 재벌의 독과점, 대기업의 납품 단가 후려치기, 재벌의 편법 승계나 내부 거래, 노동조합 탄압, 열악한 노동환경, 인권 유린적인 시위 진압, 도시의 주거 생태계와 환경을 파괴하는 무분별한 재개발, 특정 대학 출신들에게 특혜를 주는 채용 행태, 권력의 청탁에 의한 취업 등을 국민들의 삶에 해악을 초래하는 적폐로 규정한다. 그 반면에 국민의힘을 비롯한 보수는 이른바 기업의 사회적 책임이나 사회 안전을 위한 규제, 기업의 자유를 장려하는 법안에 반대하는 정당의 주장, 노동자의 권리 보장을 요구하는 노동조합 활동, 공기업 민영화에 대한 노동조합과 시민단체의 저항, 이른바 '종북 좌파'들의 북한에 대한 유연한 태도, 국민의 안전을 위협하는 무사안일 공무원, 기업의 이윤 추구와 개인의 재산권 행사를 방해하는 세입자들의 무리한 생존권 보장 요구 등을 시급히 타파해야 할 적폐로 규정한다.

도덕적 수지 균형 맞추기

우리는 더러운 음식보다는 청결한 음식을 먹을 때, 탁한 공기보다는 맑은 공기를 마실 때, 균형을 잃고 넘어질 때보다는 균형을 잡고 바로 서 있을 때 더 평안함을 느낀다. 따라서 오염된 음식이나 공기는 우리에게 해악을 끼치는 더러운 물질/물건이다. 주변 환경을 더럽게 만드는 것은 타인의 삶에 손해를 끼치는 비도덕적 행위인 반면, 주변의 더러운 물건이나 물질을 깨끗하게 치우는 것은 타인의 삶을 이롭게 하는 도덕적인 행위이다.

그와 마찬가지로 부조리, 부정부패, 불공정 관행 등의 적폐는 사람들의 삶에 불편을 끼치며, 적폐의 해소는 평안을 준다. 따라서 은유적으로 [적폐]는 우리의 삶에 불편을 초래하는 [더러운 물건/물질]이며, 이 [더러운 물질/물건(적폐)을 치우는 것]은 [삶에 평안을 가져다주는 도덕적인 행위]이다. 그리고 궁핍할 때보다 부유할 때 더 평안하다고 느끼기 때문에, 평안함을 흔히 부(富)의 관점에서 개념화하여 평안함의 증가를 이익으로 이해하고 평안함의 감소를 손실로 이해한다. 따라서 도덕성을 회계의 관점에서 이해할 때, 정의는 바로 도덕적 회계장부의 차변(적폐 감소)과 대변(적폐 증가) 사이의 균형을 맞추는 것이 된다. 달리 말하면 적폐 증가는 은유적으로 손실이고 적폐 감소는 이익이며, 적폐를 완전히 청산하는 것은 도덕적 장부의 수지 균형을 맞추는 것이고 바로 정의를 세우는 일이다.

그러면 도덕적 장부의 수지 균형은 어떻게 맞출 수 있는가? 바로 보답(reciprocation), 응징(retribution), 보복(revenge), 배상(restitution), 이타주의(altruism) 등의 방식을 통해 실현된다. 현재 한국 사회에서는 '적폐 청산'과 '정치 보복'이 프레임 전쟁을 벌이고 있는 형국이지만, '보복'은 도덕적 수지 균형을 맞추는 것—청산—의 한 방식일 뿐 결코 대립적인 개념이 아니다. 보수가 말하는 적폐와 진보가 말하는 적폐 중 어느 적폐를 청산할 것인지는 결국 국민들의 몫이다.

세금이 정말로
폭탄일까?

       국가를 은유적으로 가정이라고 이해하는 사고방식은 세계의 거의 모든 언어에 스며들어 있다. 한국어에서도 '모국', '조국', '국모', '우리는 모두 한 핏줄', '혁명의 아들딸' 등의 표현을 일상적으로 사용한다. 이것은 '국가'를 '가정'으로 이해하는 방식인 [국가는 가정] 은유가 한국인들의 마음속에도 깊숙이 자리 잡고 있음을 예시한다. 이 가정에서는 지도자가 가장이고 국민들이 식구이다.

    '한국'이라는 '가정'은 현재 지역 갈등, 세대 갈등, 계층 갈등, 젠더 갈등 등 다양한 갈등을 겪고 있다. 이 갈등의 핵심에는 가정을 계속 행복한 공동체로 만드는 데 필요한 비용(즉, 세금)의 분담 방식이 있다. 한국 사람들은 흔히 세금을 은유적으로 폭탄이라 말한다. 아주 다양한 표현이 [세금은 폭탄] 은유에서 나온다. 예컨대 "13월의 세금 폭탄 현실화, 직장인들 집단 멘붕", "연말정산 세금 폭탄", "세(稅)폭탄의 핵", "중산층과 서민에 대한 세금 폭탄" 등을 생각해보라. 정말로 세금이 폭탄일까?

'세금'은 어떻게 '폭탄'이 되었나?

'세금 폭탄'은 미국에서 1980년대 이래로 사용해온 '세금 구제'라는 표현을 한국의 보수가 개조해 만든 어구이다. 레이건 행정부 이래로 미국의 보수는 신자유주의 기조에 따라 기업에 법인세 인하 혜택을 주는 정책을 펼쳤다. 이에 대한 미국인들의 지지를 이끌어내기 위해 보수는 '세금 구제'라는 표현을 만들어 반복적으로 사용해왔다. 레이건과 미국의 보수 세력이 '세금 인하(tax cut)'가 아닌 '세금 구제(tax relief)'라는 표현을 선택한 것은 치밀한 전략에 따른 결정이었다. '세금 인하'는 세금에 대한 거부감을 별로 전달하지 않지만 '세금 구제'는, "무언가 고통을 주는 대상으로부터 벗어남"이라는 뜻을 가진 낱말 '구제'로 인해, 세금 자체에 대해 무언가 고통을 안겨주는 위험한 대상이라는 인상을 사람들 머릿속에 심어주기 때문이다. 이 어구를 전략적으로 사용함으로써 미국의 보수는 진보와 벌인 다양한 프레임 전쟁에서 우위를 점하기 시작했으며, 지금까지도 성공적인 프레임 전쟁을 펼치고 있다.

한국의 보수는 기업들과 초부유층에 대한 세율을 낮추려는 자신들의 숨은 의도를 훨씬 더 효율적으로 달성했다. 그들은 '세금 폭탄'이라는 표현을 주조하여 반복적으로 사용함으로써 종합부동산세를 사실상 무력화하고 법인세를 별다른 어려움 없이 낮춘 바 있다.

그러면 [세금(은) 폭탄] 은유는 무엇을 부각할까? 이 어구를 들으면 바로 폭격 장면을 떠올리게 된다. 거기에는 '폭탄', '폭격의 과녁', '폭탄을 투하하는 사람', '폭탄에 맞아 죽거나 다치는 사람', '파괴되는 시설물' 등 각각의 역할이 등장한다. 폭탄 투하는 아무리 정확하게 겨냥한다 하더라도 과녁뿐 아니라 그 주변의 사람들과 시설물까지 파괴하기 마련이다. 따라서 폭탄 투하는 그 자체가 부정적인 이미지를 불러낸다. 당연히 '폭탄 투하는 비인간적인 적의 파괴 행위'이며, 폭탄 투하를 저지하기 위해 싸우는 '전사는 영웅'이고, 폭탄 투하를 하는 '적은 악당'이 된다. 이처럼 낱말 '폭탄'은 ('전쟁' 프레임의 일부인) '폭격' 프레임을 불러내는 데 핵심 역할을 한다.

'세금' 뒤에 '폭탄'을 덧붙인 '세금 폭탄'은 세금에 대한 다양한 은유를 낳는다. 가령, '세금을 부과하는 사람은 폭탄을 투하하는 적'이며, 정치가든 학자든 관료든 '세금 인상을 반대하는 사람들은 폭탄 투하를 막기 위해 싸우는 선한 영웅'이고, '세금 인상을 주장하는 사람들은 폭탄을 투하하는 악당'이 된다.

한국에서 '세금 폭탄'이라는 어구가 맨 처음 언론에 모습을 드러낸 것은 노무현 대통령의 참여정부에서 종합부동산세 도입을 준비하던 2004년 말이었다. 당시 보수 언론과 야당이던 한나라당은 종합부동산세를 '폭탄'에 비유했다. 그들은 "종합부동산세가 부과될 경

"세금 구제" + [폭격]
|
[세금(은) 폭탄]
|
세금에 대한
부정적 이미지 부각
|
조세 개혁 무력화

우 '세금 폭탄'을 맞는 계층", "(세제 개편과 주택 공급 확대, 부동산 대출 억제를 뼈대로 한) 8·31 부동산 종합 대책······ 부동산 부자들에게 세금 폭탄", "종합부동산세를 만든 세금 폭탄 제조자들" 등의 표현을 사용하며 종합부동산세 도입을 비난했다.

이 새로운 세금 제도의 도입을 앞두고 실시한 여론조사에서는 지지하는 여론이 훨씬 높긴 했지만 반대하는 여론도 30퍼센트를 약간 넘었다. 이것은 폭격 프레임의 과녁에 해당하는 종합부동산세 과세 대상인 부동산 초부유층 2퍼센트뿐 아니라 과녁이 아닌 일반 서민의 30퍼센트도 반대했음을 의미한다. 이 여론조사 결과는 '세금 폭탄'에서 불려 나오는 '폭격' 프레임이 일반 서민들에게 '종합부동산세의 시행이 나에게도 피해를 줄 수 있다'는 이미지를 효과적으로 심어주었음을 보여준다. 달리 말하면, [세금은 폭탄] 은유가 '세금은 폭탄처럼 해로운 것'이라는 이미지를 부각하는 데 성공

한 것이다.

이때 종합부동산세 도입을 맹렬히 반대하던 당시 한나라당은 선한 사람들이 되었으며, 특히 선두에서 이를 지휘하던 당시 박근혜 한나라당 대표는 영웅이 되었다. 그 반면에 종합부동산세 도입을 추진한 참여정부와 열린우리당은 악당이 되었다.

[세금은 폭탄] 은유가 감추는 것

[세금은 폭탄] 은유와 '폭격' 프레임은 이명박 정부와 박근혜 정부에서 훨씬 더 교묘하고 강력한 위력을 발휘했다. 너무 높은 법인세율이 기업의 투자 의욕과 경쟁력을 떨어뜨린다는 이유를 들어 법인세율을 대폭 낮추었으며, 종합부동산세는 사실상 폐지에 가까울 정도로 유명무실한 상태가 되었다. 종합부동산세의 실질적인 무력화와 법인세 인하는 곧바로 정부의 세수 부족을 야기했고, 실제로 2013년과 2014년 '한국'이라는 '가정'은 가계 부도 상태를 맞았다. 이 결과는 당시 그런 정책을 추진했던 관계자들도 충분히 예측할 수 있었던 것으로 보인다. 하지만 그들이 반복적으로 사용했던 [세금(은) 폭탄] 은유로 인해, 이러한 문제점은 하나도 전면에 드러나지 않았다. 감세와 작은 정부를 추구한다던 이명박 정부는 세수 부

족을 메우려고 듣도 보도 못한 '간판세', '애견세', '온천세' 등을 신설하려 했다. 그리고 2015년 1월 박근혜 정부에서 시행한 담뱃값 인상도 사실은 그러한 성격이 짙은 꼼수다.

한편으로는 세금을 폭탄이라 비난하면서 기업의 법인세와 초부유층의 세금은 인하하고, 다른 한편으로는 그로 인한 세수 부족을 서민들에게 부담을 떠넘기는 간접세 인상을 통해 메우려 한 보수적인 이명박/박근혜 정부의 조치는 분명히 모순이다. 초부유층에게 걷든 서민에게 걷든 정부가 세금을 더 많이 걷으려 한다는 사실은, 세금이 폭탄이 아니라 우리에게 꼭 필요한 공동 자산임을 반증한다. 따라서 증세 없는 복지는 허구일 뿐이다. 한마디로, [세금(은) 폭탄] 은유는 '세금이 우리 모두에게 꼭 필요한 공동 자산'이라는 사실을 은폐하고 있는 것이다.

가정을 유지하는 데 가계비가 들어가듯이, 국가를 운영하는 데에도 '예산'이라 불리는 일정한 비용이 들어간다. [국가는 가정] 은유에 따라, '국가를 운영하는 비용'(예산)은 '가정을 유지하는 비용'(가계비)에 대응한다. 그리고 가계비를 가정 구성원(식구)이 공정하게 나누어 부담하듯이, '가정'의 유지비에 해당하는 '국가'의 예산은 당연히 이 (국가) 가정의 식구인 국민들이 공정하게 나누어

[세금은 폭탄]
|
세제 개혁 무력화
|
세수 부족
|
간접세 인상과 신설
|
서민층에 비용 전가

부담해야 한다. 이때 '공정함'이란 국민 각자가 국가에서 누리는 혜택에 따라 적절한 비율로 나누어 비용을 분담해야 함을 뜻한다. 물론 보수든 진보든 모든 국민이 문자 그대로 동일한 금액을 부담해야 한다고 주장하지는 않는다. 다만 어느 정도의 누진세율이 공정한가를 두고 진보와 보수가 경쟁하고 있다. 보수는 가능한 한 세금을 낮추려고 하는 반면, 진보는 복지와 사회 안전망 확충을 위해 지금보다 세금을 더 올려야 한다고 주장한다.

현재 많은 국민들은 누진세율이 공정하려면 부유층이 부담하는 세율이 지금보다 훨씬 더 높아야 한다고 생각한다. '부유층에는 감세, 서민들에겐 증세'라는 모순을 해결하기 위해서는 정부가 법인세 최고세율 인상과 고소득자 세율 인상, 세율의 정밀한 세분화를 통해 모두가 공정하다고 인식할 수 있는 누진적인 과세안을 마련해서 엄정하게 시행해야 한다.

지금은 '프레임' 자체를 바꿀 때

그런데 '세금 폭탄'은 그 어구를 도입한 보수뿐 아니라 진보도 별다른 성찰 없이 그대로 사용한다. 중산층 봉급자의 세율 부담과 간접세 확대를 통해 세수 부족을 메우려는 이명박/박근혜 정부의 꼼

수 세제 개편 시도는 비판받아 마땅하지만, 우
리는 '세금 폭탄'이라는 어구를 공적 담화의 장
에서 추방해야 한다. 초부유층의 세금을 깎아
주고 가난한 사람들에게 부담을 전가하려는 보

[세금은 폭탄]
↕
[세금은 공동 자산]

수적인 정부를 비판할 목적이라 할지라도 '중산층과 서민에 대한
세금 폭탄'과 같은 어구는 사용하지 말아야 한다. 그러한 표현의 반
복적인 사용이 세금 자체에 대해 부정적인 공포 이미지를 조장하는
보수의 '폭격' 프레임을 활성화하기 때문이다.

세금에 대한 부정적인 이미지가 우리의 마음속에 자리 잡으면,
대기업과 초부유층의 세금을 깎아주려는 보수적인 정부의 세제 개
편에 기꺼이 동의하게 된다. 그러면 세수 부족을 피할 수 없고, 세수
부족은 다시 '복지 축소' 논리나 (정부 규모를 줄여야 한다는) '작은 정
부' 주장으로 이어질 것이다. 이것이 바로 보수가 진정으로 원하는
바이다. 풍요롭든 빈곤하든 개인의 삶은 오로지 각 개인이 책임질 일
이지 국가나 사회가 책임질 일이 아니라고 보수는 주장한다. 이 세계
관에 따르면 사회 안전망이나 보편 복지란 하나도 필요하지 않은 제
도나 정책이다.

그에 대하여 우리는 '증세 없는 복지' 공약이 애초부터 실현 불가
능한 허구였음을 밝히면서 '세금에 대한 다른 프레임'을 구성하는
데 온 힘을 기울여야 한다. 세금 부담이 커지니까 복지 제공과 사회

안전망 구축을 최소화하자는 보수주의자들의 주장에 맞서, 탄탄한 사회 안전망을 갖춘 사회를 만들기 위해 세금을 기꺼이 더 부담할 수 있다는 프레임을 짜야 한다. 그러자면 안전망과 복지는 원하지만 세금은 원하지 않는다는 이율배반적인 태도를 우선 버려야 한다.

'프레임' 개념을 미국의 정치 담론 분석에 도입한 조지 레이코프의 말마따나, "세금은 우리 모두에게 더 나은 미래를 가져다줄 공동의 자산"이다. 사회 안전망 구축과 복지 구현에는 반드시 일정한 재원이 들어가기 때문이다.

현재 한국 사회에서 급격하게 치솟는 주거비와 사교육비는 서민들의 삶을 뿌리째 흔들고 있으며, (의료보험을 완전히 시장 영역에 내맡긴 미국의 의료제도에 비하면 낫지만 국민건강보험공단의 보장 비율이 60퍼센트 초반에 머무르고 있어) 비급여 비율이 높은 중증 질환의 의료비는 서민들에게 엄청난 부담으로 작용하고 있다. 말할 필요도 없이, 이러한 문제의 근본적인 원인은 의료와 주거, 교육의 공공성을 최소화하고 이러한 영역의 대부분을 시장에 내맡기는 신자유주의 정책 기조에 있다.

의료비와 주거비, 교육비 부담의 공포에서 벗어나, 특정한 소수만이 아니라 모두가 인간으로서 존엄을 유지하고 자유로이 행복을 추구할 권리를 향유할 수 있는 안전한 가정(으로서의 국가)에서 살고자 한다면, [세금은 폭탄] 은유와 프레임은 지금 바로 폐기해야 한다. 더 늦기 전에 세금이 우리 모두의 더 나은 미래와 행복을 위해 필수적인 자산이라는 [세금은 공동 자산] 은유와 프레임을 전파하자.

퉁퉁 불어터진 국수를
먹는다는 경제

　　박근혜 전 대통령은 통일을 도박판의 판돈에 비유한 '통일은 대박'이라는 표현으로 국민들의 많은 관심을 끌었다. 그는 재임 시절에 '경제'에 대해서도 상당히 창조적인 은유를 사용했다. 다음은 2015년 2월 23일 수석 비서관 회의에서 경제에 대해 언급한 발언의 일부이다.

　　우리 경제를 생각하면 저는 좀 불쌍하다는 생각도 들어요. 여러 노력이 필요하지만 지난번 부동산 3법도 작년에 어렵게 통과가 됐는데, 비유를 하자면 퉁퉁 불어터진 국수입니다. 그걸 그냥 먹고도 우리 경제가 힘을 내어가지고 꿈틀꿈틀 움직이면서 활성화되고 집 거래도 많이 늘어나고 했거든요. 그러면 불어터지지 않고 좋은 상태에서 <u>먹었다면</u> 얼마나 <u>힘이 났</u>겠습니까?

추상적 개념인 경제에 대해 서술하기 위해 '불쌍하다', '불어터진 국수…… 먹고', '힘을 내어', '꿈틀꿈틀 움직이면서' 같은 표현들을 사용하고 있다. 원래 사람에 대해 서술하는 표현들이 경제를 묘사하는 데 사용되고 있다는 사실은, 박근혜 전 대통령이 경제를 은유적으로 사람으로 인식하고 있다는 것을 보여준다. [경제는 사람]이라는 은유에서 나온 이 발언은 말을 한 사람도, 듣는 사람도 이해하는 데 아무런 어려움을 겪지 않을 것이다. 우리의 인지 과정에서 이 은유가 별다른 노력 없이 거의 무의식적·자동적으로 작용하기 때문이다.

태어나고 피가 돌고 자라나는 경제

경제에 관해 묘사하는 신문 기사나 전문 학자들의 담론, 비전문가들의 대화에서 [경제는 사람] 은유는 헤아릴 수 없을 만큼 자주 등장한다.

- 화폐경제의 태동과 맞물려 국가 간 무역과 실크로드를 통한 대륙 간 물물교역이 왕성하게 되면서
- 인간 욕망의 꽃, 자본주의 경제의 태동, 교실 밖 펄떡이는 경제 이야기

"어머니 배 속에서 태아가 행하는 움직임"을 뜻하는 낱말 '태동'이 어떤 경제의 출현을 지칭하고 있다. 물론 어떤 사람들은 이와 같은 표현에서 '태동'이 한국인들의 머릿속에 깊숙이 자리 잡고 있는 관습화된 글자 그대로의 의미인 "어떤 일이 생기려는 기운이 싹틈"을 전달할 뿐 은유와 전혀 관계없다고 주장할지도 모르겠다. 그러나 그런 주장에 따르면 '경제의 태동', '경제의 성장', '경제의 대동맥', '경제의 순환', '경제의 걸음마 단계' 등의 표현이 어떻게 서로 의미적으로 연결되는지 포착할 수 없다. 하지만 이 표현들이 [경제는 사람]이라는 개념적 은유의 언어적 발현이라는 점을 인정하면 이들은 자연스럽게 연결된다.

문자 그대로 사용될 때 '걸음마'는 생후 몇 개월이 지난 아기가 걷는 능력을 습득하기 위해 외부의 도움을 받지 않고 자기 힘으로 일어서서 두 다리를 번갈아 떼며 옮기는 동작을 가리킨다. 하지만 다음 표현에서는 미개발 상태의 북한 경제가 이제 막 발전하기 시작했다는 것을 묘사하기 위해 이 낱말을 사용하고 있다.

- 그래도 로켓 발사를 강행한다면 걸음마 단계를 벗어나려는 북
한 경제는 다시 주저앉고 주민들은 또다시 시련의 시기를 맞을
지 모릅니다.

'걸음마'를 뗀 어린아이는 점차 힘이 세지고 몸무게와 키가 늘어
나고 정신적으로도 더 강인해져서 사회적으로 자립할 역량을 지니
게 된다. 이러한 과정을 지칭하는 낱말이 바로 '성장'이다. 아래 표현
들에서 보듯이, 인간의 성장 과정과 그 양상을 묘사하는 낱말들인
동사 '자라다'나 '성숙하다', 명사 '성숙', 부사 '무럭무럭'도 낱말 '경
제'와 결합해 경제 규모의 확대 과정을 묘사하는 데 사용된다.

- 연대와 네트워크로 사회적 경제 무럭무럭
- 주가의 진정한 상승은 그 나라 경제가 무럭무럭 자랄 때가 아
닌, 그 나라 경제가 성숙해가는 것과 직결되어 있다고

인간의 몸이 성장하려면 체형을 이루고 몸을 지탱하는 골격이나
뼈대가 우선 튼튼하게 자리를 잡아야 하는 것처럼, 한 나라의 경제
가 제대로 성장하려면 도로나 철도, 항만, 공항, 통신, 학교, 병원, 산
업 단지 같은 기반 시설과 금융, 법원, 행정 등의 제도, 그리고 가계
나 기업 활동과 같은 내부 요소를 먼저 탄탄하게 갖추어야 한다. 이

러한 것들이 은유적으로 '경제'라는 '사람'의 골격이나 뼈대에 해당한다는 점이 다음과 같은 표현들에 반영되어 있다.

- 건설업계를 포함해 학계와 정치권에서는 경제의 골격이자 혈관인 도로, 철도, 공항 등 사회간접자본 투자를 지속해야 한다는
- 생산 부진과 일자리 부족은 대증요법으로 해소할 수 있는 문제가 아니라 우리 경제의 뼈대를 바꿔야 하는 구조적인 문제

인간이 성장 과정에서 키가 크고 몸무게가 늘어나더라도 근력이나 지구력을 비롯한 체력이 반드시 강해지는 것은 아니고, 상체와 하체 또는 키와 몸무게의 균형이 맞지 않을 수도 있다. 이러한 불균형은 근본적으로 체질을 바꾸어 신속하게 고쳐야 한다. 그와 마찬가지로 경제의 규모가 겉보기에 거대해지더라도 내부 구조가 반드시 튼튼한 것은 아니다. 한 나라의 경제에서 산업 간 또는 지역 간 비중이 어느 한쪽으로 치우쳐 있다면 불균형을 바로잡아야 한다.

- 이제는 우리 경제의 몸집이 많이 커졌다. 그런데 체력도 많이 떨어지고 몸의 균형도 한쪽으로 치우쳐 있다. 빨리 가려고 해도 쉽지 않게 되었다. 이제 우리 경제는 몸의 균형을 맞추고 체력도 키워야 한다.

만일 경제가 은유적으로 사람이라면, 경제에는 인간의 삶과 죽음을 판별하는 데 가장 결정적인 기관인 심장에 대응하는 요소가 있는가? 많은 한국인들이 대기업이나 국책은행, 주요 산업 단지나 금융기관이 밀집된 지역 등을 그렇게 여긴다.

- 포스코와 현대자동차는 한국 경제의 심장이기에 우리 경제에 혈액을 공급해주지 않으면 걷잡을 수 없는 혼란이 올 수도
- 한국은행은…… 대내적으로는 각종 자금의 효율적인 배분으로 한국 경제의 심장으로서의 기능을 훌륭히 수행했다.
- 세계 경제의 심장부라 불리는 뉴욕이 미국 내 50개 주 가운데 경제 전망 순위 꼴찌를 기록했다.

인간의 생명 유지에 절대적인 심장은 혈관을 통해 혈액을 온몸으로 내보내고 받아들인다. 혈관이 제대로 뚫려 있다면 혈액순환이 원활하게 이루어지지만, 조금이라도 막혀 있다면 문제가 발생한다. 더 나아가 혈관이 완전히 막혀버린다면 심장이 수축과 이완을 할 수 없게 되고 인간은 사망에 이른다. 인체의 그런 중요한 장기를 묘사하는 낱말인 '동맥'과 '실핏줄', '모세혈관', '혈맥'이 경제의 내부 구조를 기술하기 위해 사용된다. 어떤 나라의 경제에서 중요한 역할을 하는 대규모 산업 단지나 금융 제도, 공항 시설, 고속도로망,

고속철도망, 화폐 유통은 은유적으로 인간 혈관의 동맥이나 혈맥에 해당한다.

- 공항 시설의 태부족으로 경제의 대동맥이 경화현상을
- 모쪼록 고속철이 한국 경제의 대동맥으로서 제 몫을 충분히 해 줄 것을 기대한다.
- 경제의 혈맥인 돈 흐름이 비정상

그 반면에 상대적으로 규모가 작은 중소기업이나 전통 시장, 구멍가게는 심장과 멀리 떨어진 가장 미세한 혈관으로 인식된다. 이러한 은유적 이해 방식이 다음과 같은 표현들에 반영되어 있다.

- 우리 경제의 모세혈관인 중소기업에 대한 지원 기능과 서민금융을 맡는 여신 금융업이 국민과 동반 성장할 수 있도록
- 한국 경제의 실핏줄 '골목 상권'이 꽉 막혀 있다.
- 소상공인은 지역 경제의 모세혈관

이 밖에도 인체의 신경계를 묘사하는 낱말인 '중추(신경)'와 '말초신경'도 경제의 특성을 기술하는 데 사용된다. 부동산업이나 건설업, 조선업과 같은 핵심 산업 분야나 주요 산업 단지는 흔히 경제의

중추신경으로 간주되며, 따라서 한국의 사드(THAAD, 고고도 미사일 방어 체계) 배치에 반발해 중국이 한국에 부과한 경제적 보복처럼 한 국가의 경제에 결정적인 영향을 미치는 외적 압력은 인체의 중추신 경에 미치는 악영향으로 이해된다. 그 반면에 국가 경제에 미치는 영향력이 비교적 작다고 평가받는 전통적인 시장이나 영세 중소기 업은 흔히 인체의 말초신경에 비유된다.

- 건설 산업은 지역 경제의 중추 산업임에도 지난 10년간 도내 토목 부문 수주액은 연평균 1.6%에 불과해 전국 최하위
- 최근 우리나라 경제의 중추신경은 중국의 사드 보복이다. 거시 경제, 미시 경제 모든 영역의 촉각이 중국의 보복 수위에 쏠려 있다 해도 과언이 아니다.
- 시장, 중소 서민, 바닥부터 돈이 돌도록 해야 한다. 경제의 말초 신경인 '없는 자'들에게도 돈을 쉽게 융통할 수 있도록 금융 시 스템을 바꿔야 한다.

동맥경화에 걸린 경제, 빼야 할 '살'은 무엇인가?

인간은 스무 살 안팎까지는 신체적으로 성장하지만, 그 이후에는 자연스럽게 노화 과정에 들어간다. 이 노화 과정은 섭생 방식, 생활 습관, 운동량, 흡연과 음주 여부 등에 따라 사람마다 진행 속도가 빠를 수도, 느릴 수도 있다. 은유적으로 사람으로 간주되는 경제도 이와 유사한 과정을 거칠 수 있다. 어느 정도 성장한 경제는 그 이전의 높은 성장률을 유지하기 힘들며, 오히려 규모가 줄어들고 침체 상태에 빠지기 쉽다. 하지만 어떤 정책을 펼치는가, 경제활동의 기반 시설이 어느 정도 갖추어져 있는가, 산업의 내부 구조가 균형 잡힌 상태인가 등에 따라 경제의 침체는 가속화할 수도 있고 예방할 수도 있다. '경제성장'이라는 어구와 마찬가지로 '경제(의) 노화'라는 어구 역시 경제를 사람으로 이해하는 한국인들의 은유적 사고를 예증하며, 경제의 지속적인 침체는 은유적으로 인간의 노화 과정에 해당한다.

- 정년 연장과 여성 참여, 경제 노화 막는 1차 저지선
- 결국 공정거래 제도는 시장의 경쟁 기능을 활성화할 수 있는 여건을 조성하고 감시함으로써 고도화된 자본주의 경제의 노화 현상을 방지하고 경제의 민주화를 이룩하는 데 그 본질이

있다.

그리고 인간의 건강이나 질병, 치유 과정을 기술하는 데 사용되는 어구인 '동맥경화', '중병', '바이러스', '환부를 도려내(다)', '수혈' 등이 돈의 흐름이 원활하지 않는 경제 상태나 탄탄하지 않은 경제 구조, 침체에 빠진 경제 상황을 묘사하는 데 쓰인다.

- 동맥경화에 걸린 경제, 살부터 빼야: 강도 높은 구조 조정이 필요한 때
- 고금리, 고물가, 고환율, 수출 부진 등 4대 중병에 걸린 인도 경제
- 불공정한 저성장, 깊어지는 사회 양극화, 국민 행복 추락, 3가지 바이러스가 한국 경제를 병들게 하고 있다는 것
- 경제의 환부를 도려내기 위해 우리 스스로 그보다 훨씬 강도 높은 구조 조정 계획을 세우고 실천해야
- 한국 경제가 강력한 구조 조정을 전제로 IMF로부터 긴급 수혈을 받기로 했다.

"동맥경화에 걸린 경제, 살부터 빼야: 강도 높은 구조 조정이 필요한 때"라는 기사 제목에서 보듯이, 경제의 '침체 상태'는 인체의 '동맥경화'에 대응한다. 즉, 경제 규모가 필요 이상으로 거대한 상태는

인체가 불균형적으로 살이 찐 상태에 대응한다. 동맥경화를 치료하기 위해 비만을 해소해야 하듯이, 침체 상태에 빠진 경제도 회복하기 위해서는 그 규모를 줄이는 구조 조정을 해야 한다. 은유적으로 말하자면, 경제라는 사람도 '살을 빼야' 한다. 그런데 빼야 할 '살'이 무엇인가를 두고 한국 사회에는 정반대의 목소리가 존재한다. 한편에서는 기업의 경영 위기를 타개하기 위해 '정리 해고'를 해야 할 노동자들이 그 '살'이라고 말하고, 다른 한편에서는 영세 자영업자들의 골목 상권마저도 다 빨아들이는 대기업의 문어발이 그 '살'이라고 말한다. '규제'에 대해서도 정반대의 목소리가 대립한다. 한편에서는 '규제'야말로 꼭 필요한 정리 해고를 가로막아 경제를 죽이는 암 덩어리라고 말하고, 다른 한편에서는 '규제'란 약탈적인 신자유주의 시장에서 포식자들의 탐욕과 횡포로부터 사회경제적 약자들을 보호해주는 최소한의 장치라고 말한다.

이 가운데 어떤 목소리가 우리를 지배해왔던가? 규제를 과감히 철폐해 정리 해고를 쉽게 해 경제를 살리겠다는 외침을 그동안 수도 없이 들어왔지만, 우리의 삶은 점점 더 팍팍해지지 않았던가?

3장

국제 관계를 지배하는 은유

전쟁의 언어,
평화의 언어

2017년 말까지 남북 관계와 북미 관계는 한 치 앞도 예측하기 힘든 상황이었다. 2018년 평창 동계올림픽 전후로 남북·북미 관계는 급변했는데, 이를 표현하는 어구들에도 변화가 있었다. 이 변화를 살펴보면 국제 관계를 지배하는 은유를 찾을 수 있다.

평창 올림픽이 열리기 직전인 2017년 말까지만 해도 언론에는 북미 갈등의 고조와 한반도에 감도는 전운을 보고하는 기사들이 거의 매일 등장했다. 미국의 트럼프 대통령과 고위 관리, 언론은 북한과 김정은을 '리틀 로켓 맨', '미치광이', '병든 강아지', '무법자', '깡패 국가', '불량 국가', '초국적 테러 집단', '악의 축' 등의 표현으로 비난했다. 그리고 북한의 김정은 국무위원장과 외무상, 언론 매체는 트럼프를 '미친 불량배', '깡패', '늙다리 미치광이', '과대망상 정신이상자', '늙다리 전쟁 상인', '무뇌한(無腦漢)', '불망나니' 등의 상말로 모욕하고 미국을 '침략자'나 '미제 승냥이'로 규정하며 비난했다. 서로를 불신하고 모욕하고 비난하는 언어 표현들이 난무했다.

- 트럼프, 이번엔 김정은에 "리틀 로켓 맨" 조롱
- 트럼프 "틸러슨에 '로켓 맨과 협상 시간 낭비·기운 아껴라'고 해"
- 트럼프 "김정은, 완전 미치광이… 더는 핵 장난 못 치게 해야"

- 북 수뇌부 총출동 반미 집회… 트럼프에 "미친 놈" 욕설
- 北 "트럼프는 정치인 아닌 깡패 두목… 몽둥이가 제격"
- 北 리용호, "정신이상자", "거짓말의 왕초" 트럼프 맹비난

북한과 미국 사이의 이러한 설전이 서로를 언어로 비난하고 모욕하는 수준에서 그친다면, 우리는 이 두 나라와 그 지도자들을 교양 없다고 규정하며 외면할 수도 있을지 모르겠다. 그러나 설전은 언어적 논쟁의 차원에 머무르지 않았으며, 실제로 한반도를 물리적 대결장, 즉 전장으로 몰아넣을 수 있다는 우려를 낳기에 충분한 수

준으로 강도가 점점 더 심해졌다. 이 상황은 북미 갈등으로 인한 한반도 전쟁 발발을 우려하던 수많은 기사와 사설의 일부만 읽어보아도 쉽게 파악할 수 있다.

실재를 왜곡하는 전쟁의 언어들

한반도 상황이 안정적인 번영과 평화의 정착을 위해 대결보다 대화가 필요하다는 분위기로 바뀔 때까지 한국과 미국의 언론은 북한이 지속적인 핵무기 개발과 대륙간탄도미사일(ICBM) 시험 발사로 위협하는 상황에서 한반도 내 전쟁은 피할 수 없으며, 미국이 북한에 대해 군사적 조치를 취할 가능성이 커졌음을 전했다. 이들 중 많은 기사의 제목이 한반도 내 전쟁 발발의 원인은 북한에 있고, 이 전쟁의 승리자는 당연히 미국이라고 전제하고 있다. 일부 제목은 미국의 동맹국뿐 아니라 중국도 미국의 물리적인 북한 공습을 묵인할 것이라는 식으로 미국의 대북 폭격 주장을 정당화하고 있다.

- 美 본토 노리는 징후 포착되면 주저 없이 선제 타격
- "북한은 깡패 국가" 트럼프, 군사 조치 포함 '모든 옵션' 동원
- 헤일리 美 유엔 대사 "모든 회원국, 북한과 외교 단절해야… 전

쟁 나면 北 완전 파괴"

- 그레이엄 "트럼프 北 군사 공격 가능성 30%… 전제 조건 없는 대화는 지지"

다음에 나오는 기사 제목에서 보듯이, 어떤 부류의 기사는 미국이 탁월한 군사력과 전쟁 수행력으로 북한의 모든 군사력을 완전히 무력화할 것이므로 남한은 서울(대한민국)이 아무런 피해를 입지 않을 것이라며 전쟁을 조장한다는 느낌을 준다. 이러한 기사는 한반도 내 전쟁 개시의 명분으로 사용할 때에는 북한의 군사적 위협을 강조하고, 핵 개발과 미사일 발사 실험을 포기하도록 북한을 압박할 때에는 북한의 군사력을 과소평가했다. [전쟁은 주먹싸움] 은유에서 나오는 다른 한 부류의 기사는 전쟁을 아이들의 주먹다짐에 비유해 전쟁을 희화화한다.

[전쟁은 주먹싸움]
|
전쟁은 아이들 주먹다짐?
|
전쟁의 희화화

[전쟁은 의료] 은유에서 나오는 또 다른 부류의 기사는 심지어 전쟁이 유익하다는 인상마저 준다. 이 두 은유는 다 실재를 심히 왜곡하기 때문에 매우 위험하다. 어떻게 수많은 사람들이 살상당하는 전쟁이

[전쟁은 의료]
|
폭격은 생명 살리는
외과 수술?
|
전쟁은 유익해?

골목 아이들의 주먹다짐일 수 있는가? 어떻게 생명을 살상하는 폭격이 생명을 살리는 외과(적) 수술일 수 있단 말인가?

- 매티스 美 국방 "서울을 중대한 위험에 빠트리지 않는 <u>군사 옵션 있다</u>"
- '<u>선제공격</u>' 위협한 北… <u>살길은 도발 중단</u>뿐
- '<u>코피 (작전)</u>' 다음은 '코마' 작전?
- "中, 북핵 시설 <u>외과적 수술</u> 묵인할 수도"

'(북한의) 코피 터뜨리기'라는 작전명으로 예방적 차원의 선제공격을 검토하고 있다는 미국의 위협에, 북한도 선제적인 로켓 공격으로 미국 본토를 행성에서 없애버리고 남한 전역을 불바다로 만들겠다고 대응했다. 북한의 대미 결사 항전 의지는 김정은과 고위 관리의 발언을 인용한 기사에서 확인할 수 있다.

- 北 리용호, 트럼프는 '과대망상 정신이상자'… 美에 '<u>로켓</u>' 공격 경고: 유엔 연설서 ICBM 정상 각도 발사 시사
- "<u>미국의 늙다리 미치광이를 반드시, 반드시 불로 다스릴 것이다.</u>"
- 전체 <u>미국 땅이 우리 로켓의 방문</u>을 더더욱 피할 수 없게
- 北 "백령도·연평도는 물론 <u>서울도 불바다</u>" 위협

이러한 언론 보도를 읽는 사람이라면 거의가 한반도에서 전쟁이 벌어질 가능성이 아주 커졌고 발발 시기도 임박했다고 추론할 터이다. 실제로 평창 동계올림픽이 열리기 얼마 전까지만 해도 북미 갈등은 최고조에 이르렀고, 많은 사람들이 우리 삶의 터전인 한반도에서 전쟁이 일어날까 염려했다. 하지만 북한의 평창 올림픽 참가를 계기로 북미 갈등의 정도가 조금씩 완화되었고 북미 갈등의 근원인 북한의 비핵화 문제를 평화적인 방식으로 해결하고자 하는 분위기로 접어들었다. 물론 2018년 6월 하노이에서 열린 북미 2차 정상회담의 실패로 북미 대화는 물론 남북 대화의 국면도 소강상태를 유지하다가, 2년 뒤인 2020년 6월에는 남한 내 탈북자단체의 대북 전단 살포와 그에 대응한 북한의 개성 소재 남북연락사무소 폭파로 인해 남북 관계가 다시 심각한 위기를 맞고 있지만 말이다.

남북 대화에 대한 두 개의 목소리

평창 동계올림픽이 끝난 직후 정부가 북한에 특사를 파견하여 남북 정상회담을 열기로 합의하고 북미 정상회담을 중재하는 성과를 이끌어내자, 우리는 한반도가 일촉즉발의 전쟁 위기로부터 벗어나 대화를 통해 북핵 문제를 해결할 수도 있을 것이라는 기대를 조금은 가지게 되었다.

평화에 대한 국민들의 열망을 반영한 것인지 당시 언론이 보도한 많은 기사가 '평화', '번영', '통일', '공동체', '비핵화', '불가침', '평화 협정', '종전 선언', '전쟁 없는 한반도' 등의 어구를 포함하고 있다. 같은 해 4월 27일 판문점에서 열린 남북 정상회담에 대한 언론 보도, 9월 18~20일 평양에서 열린 남북 정상회담에 관한 보도가 다 그러했다.

- 4·27 남북 정상회담에서 합의된 '한반도의 평화와 번영, 통일을 위한 판문점 선언'
- 문 대통령 "남북 경제 공동체 향해 나아갈 것"
- 트럼프, 직접 나서 '김정은 달래기'… "경제는 한국 모델로"
- 판문점의 봄, 평화·번영의 시대 열다
- 문 대통령, 종전 선언에 '불가침' 포함 추진
- 청와대 "남·북·미가 종전 선언, 남·북·미·중이 평화협정"
- 북 언론, 남북 정상회담 "평화 번영 열 이정표"… 김정은 서울 답방 "약속"
- 핵·전쟁 없는 한반도가 시작됐다… 남북 사실상 '종전 선언'
- "남북 비핵화 방안 합의는 처음… 핵무기·핵 위협·전쟁 없는 한반도로"

• 김정은 "언제나 지금처럼 두 손 굳게 잡고 함께하자"

   한반도의 전쟁 발발 위험성을 제거하고 안정적인 평화를 이끌어 내기 위한 현 정부의 노력을 모든 국민이 한목소리로 찬양한 것은 아니었으며, 북한과의 대화 자체를 비판하는 목소리도 있었다. 이들의 목소리를 충실하게 전달한 기사도 적지 않았다.

   이명박 정부와 박근혜 정부 시절 동안 파국 상태에 이르렀던 남북 관계를 개선하기 위한 문재인 정부의 노력을 부정적으로 보도한 기사는 한반도 내 전쟁 위기를 완화하는 데 중요한 전환점이 되었던 평창 동계올림픽 직전에 나왔다. 북한에 대한 정부의 올림픽 참가 요청, 올림픽 기간 중 북한 예술단의 남한 내 공연 허용, 아이스하키 남북 단일팀 구성 제안 등을 두고 '평창 동계올림픽'을 '평양 올림픽'이라 명명하며 북한에게 끌려가고 있다는 비판을 했다. 이러한 부정적인 시각은 4월에 열린 판문점 남북 정상회담과 6월에 싱가포르에서 열린 북미 정상회담, 9월에 평양에서 열린 남북 정상회담을 보도하는 기사에서도 그대로 존재했다. 이러한 기사에서 나오는 추론은 한국 정부가 신뢰할 수 없는 위험한 존재인 북한과 김정은에게 저자세로 너무 많은 것을 내주고 있다는 것이다. 이러한 추론은 주로 [국가는 사람] 은유─구체적으로 말하자면 남한은 멍청한 바보고 북한은 사악한 깡패인─와 [협상은 여행] 은유에서 나온다.

- 평창 아닌 '평양 올림픽' 돼라
- 與 "평화 올림픽" 野 "평양 올림픽"… 격화되는 평창 올림픽 공방
- 홍준표 "판문점 선언, 남북 정권 합작 위장 평화 쇼"
- 앞으론 판문점선언, 뒤론 해킹한 北 pdf 다운로드…
- 핵 동결 상태에서 北과 평화협정 맺으면 진짜 안보 위기
- 美CVID 숱하게 외치더니… 2005년 9·19성명보다 후퇴했다
- (북미 회담) 비핵화보다 동맹의 위기가 먼저 올까 걱정된다
- 파네타(전 국방장관) "북·미 정상회담은 실패 예정된 쇼였다"
- 文 대통령 '(평양) 15만 군중 연설' 중 일부 내용 논란
- 한국당 "비핵화 진전 없고 국방력만 약화시키는 합의"

평화인가, 대결인가?

한반도 평화 협상이라는 하나의 현상을 두고 이렇게 다른 부류의 기사들이 나오는 것은 어떻게 가능할까? 아주 단순한 물체의 크기, 길이, 부피, 무게 등을 기술하는 정도의 글은 객관적인 사실에만 근거해 작성할 수 있을지 모른다. 하지만 복잡한 사건이나 사고, 추상적인 사회현상, 얽히고설킨 국제 관계를 묘사하는 보도 기사에는

당연히 작성자의 관점이 들어갈 수밖에 없다. 따라서 남한과 북한은 물론이고 미국, 중국, 일본 등 다양한 국가들의 이해관계가 얽혀 있는 '북한의 완전한 비핵화와 한반도 평화'에 대한 보도는 결코 완전히 객관적이고 중립적일 수 없다.

한반도 평화를 두고 이렇게 대립적인 논조와 대립적인 언어들이 서로 경쟁하고 있는 것은 현상을 바라보고 묘사하는 시각 차이 때문이다. 어떤 언어와 논조가 우위를 차지할 것인지는 얼마나 많은 사람들이 어떤 시각을 공유하느냐에 따라 결정될 것이다. 평화의 언어와 대결의 언어 중 어느 쪽이 전면에 등장할 것인지.

전쟁이
의료 행위인가?

앞 절에서 살펴본 것처럼 북미 갈등이 고조되면서 한반도 전쟁 가능성을 보도하는 기사들이 쏟아지던 시기에 특히 눈길을 끈 표현이 둘 있었다. 하나는 북한에 대한 미국의 공격 개시를 칭하는 작전명 '코피 작전(Bloody Nose Strategy)'이었고, 다른 하나는 이 작전의 성격을 규정하는 용어인 '외과 수술 타격(surgical strike)'이었다. '코피 작전'은 [(국가 간) 전쟁은 (개인 간) 주먹싸움] 은유에서 언어적으로 발현된 표현이다. 이 표현은 전쟁을 마치 동네 골목에서 다투다가 코피를 먼저 흘리는 아이가 상대편에게 패배를 인정하는 주먹다짐인 양 희화화해 전쟁의 참상을 은폐하고, 전쟁에 대한 공포를 누그러뜨리고, 사람들의 반전 의지를 약화시킨다. '외과 수술 타격'은 전쟁을 의료에 비유하는 사고 과정—[전쟁은 의료] 은유—의 언어적 발현으로, 역시 전쟁에 대한 공포를 누그러뜨리고 반전 여론을 낮추는 효과를 낸다.

고약한 형용모순, '외과 수술 타격'

사람들에게 전쟁에 대해 낭만적인 인상을 심어준다는 점에서 '코피 작전'과 '외과 수술 타격' 둘 다 기만적인 표현이다. 하지만 기만의 정도에서는 [전쟁은 의료] 은유의 언어적 발현인 '외과 수술 타격' 쪽이 더 교묘하고 악의적이다. 정밀 타격으로 타격 목표 외에는 피해가 가지 않도록 작전을 수행한다는 함축적 의미를 전달하기 때문이다. 또한 '외과 수술'은 사람을 살리기 위한 선한 행위인 반면에 '타격'은 수많은 사람을 죽이는 행위라는 점에서, '외과 수술'과 '타격'이 결합한 '외과 수술 타격'은 형용모순의 사례이기도 하다.

• 국가 간의 전면적인 전쟁이 아닌 새로운 형태의 전쟁이 진행되면서 무인 항공기는 다양한 정책적 선택의 폭을 넓혀주었다. 그중의 하나는 2차 대전 이후에 정치적 정당성을 얻고 있는 이른바 <u>정밀타격</u>(surgical measure, 이를 언론에서는 '외과 수술적 조치'

라고 표현하기도 함)의 하나인 표적 공격(targeted killing)의 수단
으로서 무인 항공기의 사용이다.(신홍균,〈무인항공기의 무력공격을
둘러싼 국제법상 쟁점에 관한 연구〉,《한국항공우주정책·법학회지》28권)

- 예방 타격의 일환인 미국의 코피 작전은 이른바 소규모 외과
수술적 타격(minor surgical strike)입니다. 적 공격 징후는 없지
만 미래 공격을 사전에 없애려고 적을 타격한다는 것으로, 북
한의 핵·미사일 관련 시설만을 정밀 타격하는 개념입니다. 미
의회 승인을 받아야 하는 대규모 선제 타격과 달리 대통령이
재량으로 실행할 수 있는 군사작전으로 평가됩니다.(김관용,〈김
관용의 軍界一學: 육군 게임체인저 'KTSSM', 北 장사정포 정밀타격〉,《이
데일리》, 2018)

- 그 선택은 "북한의 핵무장을 방치할 것인가, 아니면 제2의 한국
전쟁의 위험을 감수할 것인가?"였다. 양자택일의 압박 속에서
페리는 영변 핵 시설에 대한 '외과 수술적 선제공격'을 입안했다.
북한이 5메가와트 원자로에서 사용 후 연료봉을 인출해 재처리
를 준비하는 시점을 '디데이(D-day)'로 잡았다. 영변 재처리 시
설에 대한 정밀 타격은 방사능 물질을 유출시키지 않을 것이고,
크루즈 미사일로 원거리에서 공격하면 미군 피해도 거의 없을
것이라는 펜타곤의 시뮬레이션도 나와 있었다.(정욱식,〈정욱식 칼
럼: 윌리엄 페리의 『핵 벼랑에서의 나의 여정』을 읽고〉,《프레시안》, 2015)

"미국은 우리의 우방(友邦)", "중국은 과연 한국의 선한 이웃일까?", "나라들 사이에는 영원한 적도 영원한 동지도 없다" 등의 표현에서 알 수 있듯이, 국제 관계를 묘사할 때 우리는 [국가는 사람] 은유를 사용한다. 이 개념적 은유에서 언어적으로 발현된 은유적 표현을 포함하고 있는 앞의 예문들은 미국 정부가 자기 나라(미국)와 북한을 둘 다 사람으로 간주하고 있음을 보여준다. 그렇지만 미국과 북한은 동일한 유형의 사람이 아니다. 국제 관계(특히 갈등)를 '의료'의 관점에서 이해하는 개념화 방식을 바탕으로 미국은 타인의 병을 고쳐주는 선한 의사로 개념화되는 반면, 북한은 자신은 물론 주변 사람들의 생명까지도 위협하는 전염성 병원균을 보유한 병자로 개념화된다.

이 은유적 개념화―[전쟁은 의료]―에서 다양한 세부 하위 사상이 나온다. 즉, 북한의 핵 시설은 병자의 환부에 대응하고, 북한의 핵 시설 확대와 핵 보유 역량 강화에 따른 핵 위협 증가는 병자의 질병이 신체의 더 넓은 부위로 퍼진 상태에 대응한다. 어떤 병자의 몸 내부에 있는 병원균에 전염성이 있는 경우에는 주변의 건강한 사람들에게 옮을 수 있기 때문에 긴급히 외과적으로 수술을 해서 제거해야 한다. 이와 마찬가지로 북한의 핵 시설과 핵 보유 역량이 증가하면 주변국들의 안위를 심각하게 위협할 수 있기 때문에 적절한 시점에 공습을 통해서라도 북한의 핵 시설을 제거해 북한으로부터의 핵 공격 위협을 예방해야 한다.

이러한 은유적 사상은 다음의 표와 같이 요약할 수 있다.

목표 영역: 전쟁		원천 영역: 의료
• 국가	……	• 사람
• 미국	……	• 의사
• 북한	……	• 병자
• 북한의 핵 시설	……	• 질병 부위
• 북한의 핵 역량 확대	……	• 질병 부위 확산
• 북한 핵 시설에 대한 미국의 정밀 타격	……	• 질병 부위에 대한 외과적 수술
• 북한의 핵 역량 소멸	……	• 질병의 완치
• 북한의 핵시설 확대는 주변국의 안위를 위협한다.	……	• 질병이 퍼지면 본인은 물론 주변 사람의 생명도 위험해진다.
• 북한의 핵 역량을 근본적으로 제거해야 한다.	……	• 질병 부위를 외과 수술로 도려내 병원균을 박멸한다.

[전쟁은 의료]의 은유적 사상(寫像)

[전쟁은 의료] 은유는
무엇을 부각하고 무엇을 감추는가?

'전쟁' 개념을 어떤 개념(예: '도박', '의료', '여행' 등)의 측면에서 이해하는가에 따라 전쟁을 구성하는 요소들 중에서 부각되고 은폐되는 것이 달라진다.

"모든 것을 걸고 핵무기를 만드는 게 북한의 숙원", "영변 핵 시설 타격 카드를 포기하지", "선제 타격이 북핵 문제를 한 방에 해결할 '신의 한 수'", "전쟁의 승패를 결정하는 운" 등의 표현에서처럼 '도박' 개념을 통해 '전쟁'을 이해하는 [전쟁은 도박] 은유는 누가 전쟁의 승자가 될 것인지, 또 언제 어떤 돌발 변수가 전쟁의 양상을 어떻게 바꿀지 알 수 없다는 점에서 전쟁의 예측 불가능성이나 모험적 측면을 부각하는 반면, 전쟁으로 인한 경제의 특별 수요와 경기 활성화, 정치적 활용 가능성 등을 은폐한다. 한편 '전쟁'을 '여행'의 측면에서 은유적으로 이해하는 개념화 방식—즉 [전쟁은 여행]—은 전쟁의 개시부터 종결까지의 장기적 과정과 전쟁 원인, 전쟁 목표, 전쟁 과정의 어려움 등을 부각하지만, 전쟁의 위험성이나 전쟁의 경제적·정치적 측면 등을 은폐한다.

그렇다면 '전쟁'을 '의료'의 측면에서 이해하는 은유 [전쟁은 의료]는 무엇을 부각하고 은폐하는가? 이 은유적 개념화는 미국은 선한 행위자인 의사이고 북한은 심각한 질병에 걸린 위험한 병자이며, 북한의 핵 위협을 해소하기 위해 물리적 힘(즉, 군사력)을 동원하는 미국의 조치는 외과적 수술이 그러하듯이 필수 불가결한 조치이고 사람으로 개념화되는 미국과 주변국들에 유익한 행동이라는 주장을 부각한다. 그 반면에, 핵무기와 대륙간탄도미사일 보유는 다른 나라들을 공격하기 위한 것이 아니라 자신들의 생존과 안위를 보장받기 위한 어쩔 수 없는 선택이라는 북한의 주장은 은폐한다.

의료는 사람의 생명을 살리기 위한 활동이지만, 전쟁은 선제 타격에 의하든 대응 타격에 의하든 생명을 살리는 것이 아니라 수많은 생명을 살상하고 유구한 문화유산과 삶의 토대인 사회 기반 시설을 파괴한다. 이러한 점에서 [전쟁은 의료] 은유는 실재를 심하게 왜곡한다. 한마디로, 이 은유는 한반도 북쪽에 사는 동포들뿐 아니라 남쪽 우리의 생명도 위협하고 있다. 그런데도 '외과 수술적 선제 공격'이나 '예방적 타격'을 언어생활에서 계속 사용해야 할까?

일본의 보복은
조폭의 행위 아닌가?

        1945년 2차 세계대전이 끝나 한국이 일본의 식민 지배로부터 벗어나 독립국 지위를 회복하고 1965년 한일 청구권 협정의 조인으로 공식적인 외교 관계를 맺은 이래, 지금만큼 한일 간의 갈등이 첨예한 적은 없었다. 일본은 제 나라 기업에 대해 조선인 강제징용 노동자에게 배상하라고 주문한 한국 대법원의 2018년 10월 판결에 반발하며 2019년 7월 대한(對韓) 수출제한 조치를 공식 발표했고, 한국은 일본의 조치가 부당한 무역 보복이라고 반발하며 한일군사정보보안협정(GSOMIA)을 연장하지 않겠다고 맞섰다. 이 갈등으로 두 나라의 관계가 파국을 맞을까 심히 우려되는 상황이 이어지고 있으며, 한국 사회도 심한 내홍을 겪고 있다.

불신하고 갈등하고 보복하는 국가들

전쟁, 평화, 분쟁, 조정, 무역 갈등 등 국가 간의 관계를 보도하는 신문 기사나 방송 뉴스에서 우리는 '우방(友邦)', '적국(敵國)', '선린(善隣)', '형제 국가', '깡패 국가', '불량 국가', '지구촌' 등의 어구를 흔히 보고 듣는다. 그리고 아무런 어려움 없이 이해하기 때문에, 이러한 어구가 비유적인 의미를 담고 있다는 사실을 의식조차 못 한다. 이 점은 다음 인용문들과 같은 더 복잡한 표현을 접할 때에도 마찬가지다. 이러한 표현을 아무런 인지적 노력 없이 거의 무의식적으로 즉각 이해할 수 있는 것은 우리의 마음속에 '사람들 사이의 관계(사회적 관계)'를 통해 '국가 간의 관계(국제 관계)'를 비유적으로 개념화하는 방식—[세계(는) 공동체] 은유—이 존재하기 때문이다. 이 은유에서는 당연히 국가가 이 마을 공동체에서 살아가는 사람이다.

- 깡패 국가들에 대처하는 것이 우리 시대의 가장 커다란 도전이다.(《워싱턴 포스트》, 2000. 2. 20.)
- 중국, 미 동맹국들에게 경고하다: 우리 집 뒷마당에 어떤 핵미사일도 두지 마라.(《더 타임스》, 2019. 8. 7.)

일반인이든 전문가들이든 국제 관계를 이해할 때 가장 빈번하게 사용하는 [세계(는) 공동체] 은유—특히 [국가는 사람]—는 점점 심화하고 있는 최근의 한일 갈등을 보도하는 기사에서도 분명하게 드러난다. 아래와 같은 사설 문장들이 바로 은유적 개념화에서 나오는 언어적 발현의 사례이다.

- 일본은 <u>말을 바꾸며</u> 보복 조처를 확대할 게 아니라, 지금이라도 '화이트리스트' 제외 방침을 철회하는 게 마땅하다.(《한겨레》, 2019. 7. 14.)
- 한국은 자유와 민주주의를 기조로 동아시아의 평화와 번영을 함께 구축하고 있는 (일본의) <u>중요한 이웃</u>이라고 강조했다.(《경향신문》, 2019. 7. 28.)
- 한·일 갈등, 양국 모두 <u>차분하고 유연하게</u> 대처해야(《중앙일보》, 2019. 7. 28.)
- 한국과 일본은 <u>헤어질 수 없는</u> 이웃인 만큼 감정을 <u>삭여</u> 공존할 수 있는 관계를 맺어야 한다.(《조선일보》, 2019. 8. 1.)
- 한국과 일본은 결국 싫든 좋든 <u>머리를 맞대고 살</u> 수밖에 없는 이웃이다.(《중앙일보》, 2019. 8. 5.)

'국가'는 실체가 있는 구체적 사물이 아니라 국제 관계 속에 존재하는 추상적 개념이다. 앞의 예시들에 사용된 '말을 바꾸다', '이웃',

'차분하다', '유연하다', '대처하다', '헤어지다', '감정을 삭이다', '머리를 맞대다', '살다' 등의 표현은 문자 그대로의 의미로 사용될 때 사람에 대해 서술하는 어구들이다. 이러한 어구가 '국가'의 사례인 '한국'과 '일본'을 서술하는 데 사용되고 있다는 사실은 [세계(는) 공동체] 은유―특히 [국가는 사람] 은유―의 존재를 방증한다.

어떤 사람(들)은 선하고 어떤 사람(들)은 악하다고 평가할 수 있듯이, 국가도 어떤 국가(들)는 선하고 어떤 국가(들)는 악할 수 있다. 이러한 언어 사용은 최근의 한일 갈등을 보도하는 기사에서도 쉽게 확인할 수 있다. 문자 그대로의 의미로 사용될 때 '신뢰하다'와 '믿다'의 주어 역할을 하는 명사와 목적어 역할을 하는 명사는 둘 다 사람을 가리킨다. 하지만 국가가 은유적으로 사람으로 개념화된다면, 어떤 사람이 다른 사람에 대해 믿을 수 없다고 말할 수 있는 것처럼, (은유적으로 사람인) 어떤 국가 역시 (은유적으로 사람인) 다른 국가에 대해 '믿을 수 없다'고 판단할 수 있다.

- 한국을 '안보상 믿을 수 없는 나라'로 규정하는 (일본의) 조치는 양국 사이에 돌이킬 수 없는 파탄을 불러올지 모른다.(《중앙일보》, 2019. 7. 31.)
- 한국을 신뢰하기 힘든 국가로 규정하는 (일본의) 화이트리스트 배제 조치는 한국을 적대 국가로 간주하겠다는 뜻으로 받아들

여질 수밖에 없다.(《조선일보》, 2019. 8. 1.)

한일 갈등을 보도하는 기사들을 살펴보면, 은유적으로 사람으로 이해되는 국가인 일본과 한국은 상대를 믿을 수 없다고 규정하는 데 그치지 않고 상대방(국가-사람)을 위협하는 행동을 한다. 구체적으로 어떤 사람을 나쁜 사람이라고 판단할 때 그 사람의 목을 조르거나 급소를 찌르고 숨통을 조이고 신체에 위해를 가할 수 있듯이, 은유적으로 사람으로 개념화되는 어떤 국가도 다른 어떤 국가의 숨통을 조이고 급소를 찌르고 목을 조를 수 있다. 또한 그러한 위협적인 행동을 통해 서로 비난하고 보복을 다짐하고 심지어는 반드시 이겨야 할 적으로 규정하기도 한다.

- 세계 3위의 경제 대국답지 않은 (일본의) 치졸한 태도에 어안이 벙벙할 지경이다. 일본 정부가 수출규제 조치를 즉각 철회할 것을 요구한다.(《경향신문》, 2019. 7. 1.)
- 이웃 나라의 경제 숨통을 조이려는 (일본의) 부당한 행동에 다시 한 번 강한 유감을 표한다.(《한겨레》, 2019. 7. 4.)
- 일본의 치졸한 경제 보복 현실화되나(《중앙일보》, 2019. 7. 18.)
- 사태 초기 (일본이) '한국의 급소를 찔렀다'는 식의 평가와 전혀 다른 흐름이 나타나고(《한겨레》, 2019. 7. 22.)

- 일본 시민사회와 지식인들도 '(일본은) 한국을 적으로 만들지 말라'고 한다.(《조선일보》, 2019. 8. 2.)
- (일본이) 정경분리 원칙을 깨고 같은 자유무역 국가인 한국의 목을 조른다면 자가당착이자 위험천만하기 짝이 없는 도박일 뿐이다.(《중앙일보》, 2019. 8. 8.)

    일본이 한국에 대해 반도체 부품과 소재의 수출을 제한하는 조치를 발표했을 때 한국의 언론은 그에 대해 '보복', '철회', '초당적 대처', '맞대응', '도발', '폭주', '맞서다', '전쟁' 등의 어구를 동원해 서술했다. "남에게 받은 해를 그만큼 되돌려주는 일"(보복), "남을 집적거려 화를 돋우어 일어나게 함"(도발)이나 "어떤 사람이 상대의 어떤 행동이나 태도에 대하여 맞서서 응함"(맞대응), "둘 이상의 사람이 서로 굽히지 않고 버티어 겨루다"(맞서다), "나라나 단체들 사이에서 무력을 써서 행하는 싸움"(전쟁)이라는 의미들이 암시하듯이, 이러한 표현들은 공통적으로 두 사람 사이나 두 집단 사이에 평화롭지 않은 상태—달리 말하자면 어떤 물리적 대결 상태—가 존재한다는 것을 내포한다.

'전쟁' 프레임으로 본 한일 갈등

이러한 표현이 두 국가(일본과 한국)의 관계를 서술하는 데 사용되고 있다는 사실은 이 두 국가가 은유적으로 사람으로 개념화되고 그 두 사람(국가) 사이에 무언가 힘의 충돌이 존재한다는 것을 보여준다. 그런데 이 힘은 결코 물리적 힘이 아니다. 따라서 이 충돌은 결코 물리적 싸움—넓은 의미에서는 군사적 충돌인 전쟁—이 아니라 경제 영역의 비(非)물리적인 무역 갈등이다. 그렇지만 한국의 언론은 물리적이지 않은 수출제한 조치로 인한 경제적 갈등에 대해 물리적 힘의 충돌을 묘사하는 어구를 동원하여 보도하고 있다. 이것은 한국의 언론이 현재의 한일 갈등을 국가 간 전면전이든 개인 간의 칼싸움이나 주먹싸움이든 은유적으로 물리적 충돌—넓은 의미에서는 군사적 충돌인 전쟁—로 이해하고 있다는 것을 방증한다. 실제로 한일 갈등을 묘사하는 주요 신문의 사설이 대부분 [경제적 갈등은 전쟁]이라는 개념적 은유에서 언어적으로 발현된 표현들로 가득 차 있다.

- 한국 정부와 한국인들은 아베 정부의 이번 도발을 전면전 선포나 다름없는 것으로 받아들이고 있다.(《경향신문》, 2019. 8. 2.)
- 일본이 한국을 화이트리스트에서 배제하고 한국 정부는 대일

경제 전면전을 선포한, 그야말로 비상한 시기 아닌가.(《중앙일보》, 2019. 8. 5.)

국제 관계에서 무역 갈등이나 외교적 대립과 같은 비군사적 대결은 흔히 은유적으로 물리적 충돌인 전쟁으로 개념화된다. 그러면 은유적으로 전쟁으로 개념화되는 현재의 비군사적인 한일 갈등에서 가장 부각되고 있는 것은 전쟁의 어떤 측면인가? 이 질문에 대한 정확한 답은 '전쟁' 프레임을 더 자세히 살펴보아야 알 수 있다.

'전쟁' 프레임에는 총사령관, 야전 사령관, 종군기자, 전략가, 군의관, 병사 등의 역할이 있고 전쟁터, 벙커, 참호, 무기고 등의 장소가 있다. 또한 전략 수립, 전진과 후퇴, 선제공격, 대응 공격, 침입, 폭격, 상륙 등의 다양한 행위가 있고 소총, 수류탄, 장사정포, 곡사포, 미사일, 잠수함 등 다양한 전쟁 도구(즉, 무기)가 있다. 역할들 사이에 정해진 관계와 위계가 있기 때문에 이 '전쟁' 프레임에는 내적인 논리가 있다. 예컨대 총사령관은 군단 사령관의 상급자이고 군단 사령관은 야전 사령관의 상급자이고 야전 사령관은 병사들의 상급자이다. 모든 군의관은 군인이지만 반대로 모든 군인이 군의관인 것은 아니다. 군수품 수송용 임시 다리를 놓는 일은 수송병이 아니라 공병이 맡는다. 또한 이 프레임에는 행위의 논리와 선형적인 순서가 있다. 선전포고는 전쟁 개시 전에 하지 전쟁 종료 후에 하지 않는다.

보복 공격은 선행 공격에 대응하는 공격이지 최초의 공격일 수 없다.

현재의 '한일 갈등'을 '전쟁'의 프레임에서 은유적으로 이해하면, 대강 아래 표와 같은 하위 대응이 이루어진다. 이 전쟁을 전체적으로 통할하는 총사령관은 일본의 아베 신조 총리와 한국의 문재인 대통령이다. 군단 규모의 고위 사령관은 양국 행정부의 각료들이고 야전 사령관은 협상 담당 관료들이며, 전략을 지원하는 외부의 조력자들은 정치권의 지도자들이고, 실제 전선에서 전투를 치르는 병사들은 무역계의 기업 당사자들이며, 신체의 손상을 입거나 죽는 병사들은 소비자들인 양국 국민들이다. 은유적으로 전투에 동원되는 무기는 비군사적인 행정 조치들이고 이러한 조치의 실행은 공격

전쟁		(무역/외교) 갈등
• 교전 국가	......	• 갈등 중인 두 나라
• 총사령관	......	• 최고위 지도자
• 고위 사령관	......	• 각료
• 야전 사령관	......	• 협상 담당 고위 관료
• 외부 지원 세력	......	• 정치권 지도자
• 무기	......	• 정책
• 공격	......	• 정책 실행

[갈등은 전쟁] 은유의 하위 사상(寫像)

행위이다.

그러면 현재의 한일 갈등에서 일본의 수출제한 조치는 은유적으로 전쟁의 어떤 행위에 대응하는가? 선제적인 공격인가, 대응하는 반격인가? 이 질문은 당시의 신문 사설 헤드라인을 살펴보면 쉽게 답할 수 있다.

일본의 '도발'인가, '보복'인가?

한일 무역 갈등을 전쟁의 측면에서 은유적으로 개념화할 때 한국의 신문은 일본의 수출제한 조치를 '도발'로 묘사하기보다 훨씬 더 자주 '보복'이라 묘사하고 있다.* 갈등의 원인 제공자를 누구로 보는가에 따라 그 조치에 대한 인식은 달라진다. '상대에 대한 괴롭힘'의 의미를 담고 있다는 점에서는 '도발'이나 '보복'이 유사한 행위를 지칭하지만, '괴롭히는 이유의 유무'라는 측면에서는 의미상 중요한 차이가 있다. 구체적으로 '도발'은 이유 없이 괴롭히는 행위를 지칭하지만, '보복'은 그 나름대로 이유가 있는 행위를 가리킨다. 그렇다면 '보복'이라고 묘사되는 일본의 '수출제한 조치'는 당연히 아무런

---

* 2019년 7월 1일부터 8월 9일까지 《조선일보》와 《중앙일보》, 《한겨레》와 《경향신문》에 실린 사설은 정치적 지향에 관계없이 일본의 수출제한 조치를 '도발'(3회)보다 훨씬 더 자주 '보복'(27회)으로 묘사했다.

이유 없는 선제공격—도발—이 아니라 그 나름대로 이유가 있는 대응 공격—보복—에 해당할 터이다. 따라서 일본의 '수출제한 조치'를 '보복'이라 묘사하는 것은 협상 과정에서 한국에 오히려 불리하게 작용할 수도 있다. 물론 일본이 수출제한 조치의 구실로 삼은 것은 일제강점기에 강제로 징용당한 조선인 노동자들에게 일본 기업이 배상해야 한다고 명시한 한국 대법원의 판결이다. 하지만 한국 신문들이 대법원 판결의 정당성을 부정하는 것은 결코 아니다.

- 일본, '졸렬한' 무역 보복 조처 당장 철회하라(《한겨레》, 2019. 7. 1.)
- 과거사 문제에 경제 보복하는 일본, 대국 맞나(《경향신문》, 2019. 7. 1.)
- 한·일 정상 '8초 악수' 뒤 '화웨이 10배' 日 보복 시작되나(《조선일보》, 2019. 7. 1.)
- 일본의 치졸한 경제 보복, 현실화되나(《중앙일보》, 2019. 7. 1.)
- 아베, 일본 내 경제 보복 조치 반대 여론 안 들리나(《경향신문》, 2019. 7. 4.)
- 일본 경제 보복, '과도한 공포심' 조장하지 말아야(《한겨레》, 2019. 7. 22.)
- 日 보복이 국산 안 쓴 대기업 탓이라니 너무 無知하다(《조선일보》, 2019. 7. 30.)

일본의 조치는 악당의 폭행

일본이 한국에 대해 취한 '수출제한' 조치를 보도할 때, 정치적 지향에 관계없이 한국의 언론은 [전쟁] 프레임과 개념적 은유 [갈등은 전쟁]에 근거해 이 조치를 본질상 보복이라 규정하고 있다. 당시의 사설 제목들을 구체적으로 보면 '일본'과 그 조치에 대해 '졸렬하다', '치졸하다', '옹색하다', '무도하다', '막나가다' 등의 형용사와 동사를 사용해 서술하거나 수식하고 있다.

- 일본, '졸렬한' 무역 보복 조처 당장 철회하라(《한겨레》, 2019. 7. 1.)
- 일본의 치졸한 경제 보복, 현실화되나(《중앙일보》, 2019. 7. 1.)
- 이번엔 '사린 가스 전용' 억지, 막나가는 일본(《한겨레》, 2019. 7. 10.)
- WTO서 확인된 '옹색한 일본', 현실 직시할 때(《한겨레》, 2019. 7. 25.)
- 일본 아베 정권의 무도한 경제 도발을 규탄한다(《경향신문》, 2019. 8. 2.)

'치졸하다'나 '막나가다' 같은 낱말은 사람의 성품이나 언행, 생각을 평가하는 데 사용된다. 글자 그대의 의미로 사용될 때 이러한 형용사는 "유치하고 졸렬하다"(치졸하다), "옹졸하고 보잘것없다"(졸렬하다), "옹졸하고 답답하다"(옹색하다), "인간으로서 지켜야 할 도리에 어긋나서 막되다"(무도하다)를 가리킨다. 따라서 어떤 사람에 대해 이러한 형용사로 수식하거나 서술한다면, 그 사람은 성품이 당연히 선하지 않으며 생각이 어리석고 비열하여 언행이 인간으로서의 도리나 사회 공동체의 규범에서 어긋나고 비난받아 마땅하다. 또한 사람을 가리키는 명사가 "앞뒤를 가리지 않고 함부로 안에서 밖으로 향하여 가다"(막나가다)의 수식을 받을 때에도 마찬가지로 그 사람의 판단은 현명하지 않고 그의 언행은 어떤 규준을 넘어선 상태이다.

　그런데 앞의 신문 사설 제목들에서는 '옹색하다'나 '막나가다'와 같은 어구가 문자 그대로의 사람이 아니라 국제 관계 속에만 존재하고 물리적 공간 안에는 구체적 실체가 없는 개념인 국가의 한 사례인 일본과 그 나라의 정책적 조치를 수식하거나 서술한다. 이것은 사람들의 마음속에 국가를 은유적으로 사람으로 간주하는 보편적인 개념화 방식이 존재한다는 것을 보여준다. 역으로 말하면, 앞의 신문 사설 제목들은 [국가는 사람]이라는 개념적 은유에서 언어적으로 발현된 사례들이다. 은유적으로 '일본'은 성품이 사납고 판단이 어리석은 사람—극단적인 경우에는 악당—에 해당하고, 일본의 수출제한 조치는 공동체의 규범에서 어긋나는 비열한 행동에 대응한다.

이러한 형용사와 동사 외에도 주요한 한국 신문의 사설은 일본의 수출제한 조치를 평가하기 위해 '막무가내'와 '억지', '말 바꾸기', '위반', '질서를 무너뜨리고'라는 표현과 '대국 맞나?'라는 반어적인 표현을 사용하고 있다. 일부 사설에서는 수출제한 조치를 내린 행위자로서 일본 대신에 아베를 언급하고 있다. [통치자로 통치되는 조직을 대표함]이라는 개념적 환유에 따르면 아베는 일본을 상징하기 때문에, 아베의 결정이 곧 일본의 결정이다. 사회의 인간관계에서 '막무가내'로 '억지'를 쓰거나 공동체의 규범을 '위반'해 '질서를 어지럽히고' 편의에 따라 '말을 바꾸며' 더 힘이 '약한 사람을 괴롭히는' 사람은 선한 사람일 수 없다. 그와 유사하게 국제 관계에서 국가 간 규범에서 벗어나 군사력이나 경제력이 더 약한 국가에 막무가내식의 요구를 하는 국가는 은유적으로 악한 사람이다. 그렇다면 아래의 사설 제목들에서 보듯이 경제력이 더 약한 나라인 한국에 대해 수출제한이라는 힘을 행사하는 일본은 은유적으로 나쁜 나라이다. '일본의 보복'이라는 표현은 그 자체가 일본이 은유적으로 선한 사람이라는 평가를 결코 전달할 수 없기 때문이다.

- 과거사 문제에 경제 보복하는 일본, 대국 맞나(《경향신문》, 2019. 7. 1.)
- 'WTO 위반' 보복 조치가 정당하다는 아베의 억지(《경향신문》,

2019. 7. 2.)

- 일본, 말 <u>바꾸기</u>와 <u>억지</u> 그만하고 한국과 협상 나서라(《경향신문》, 2019. 7. 14.)

- 일본, '화이트 리스트 배제도 <u>WTO 위반</u>' 새겨들어야(《한겨레》, 2019. 7. 16.)

- "<u>아베</u>, 트럼프 흉내 내며 <u>무역 질서 무너뜨리고 있다</u>"(《조선일보》, 2019. 7. 17.)

- "한국이 답 가져오라"는 아베의 <u>막무가내</u>(《한겨레》, 2019. 7. 22.)

도덕적 회계의 측면에서는 "남에게 받은 해를 그만큼 되돌려 주는 일"이라는 '보복'의 문자적인 의미가 그 자체로 부정적인 평가를 받지 않을 수 있다. 하지만 오늘날 세계의 거의 모든 국가에서 개인 간의 사적인 복수는 법률에 의해 엄격히 금지되고 있으며, 만일 어떤 개인이 실제로 사적인 보복을 행한다면 범죄로서 형사적 처벌을 받는다. 이러한 측면에서 '일본의 무역 보복'이라는 어구는 은유적인 사람인 '일본'이 역시 은유적인 사람인 '한국'에 대해 '수출제한 조치'라는 폭력으로 사적인 보복을 했으며 따라서 이 보복 폭행의 범죄자인 '일본'은 당연히 처벌받아야 한다는 함의를 전달한다.

'혐한'과 '반일'의 대결 넘어설 길 찾아야

일본의 경제적 보복이 옳은지 그른지를 평가하는 인식에서는 보수와 진보 사이에 별다른 차이가 없지만, 일본의 수출제한 조치에 대한 한국(정부)의 대응 역량과 한일 갈등에 대한 대응책을 평가하는 방식에서는 분명한 인식 간극이 드러난다.

보수 신문의 사설은 일본의 무역 보복 조치가 옹졸한 소인배의 행동이라 하더라도 대법원의 강제징용자 배상 판결에 대해 한일 청구권 협정 위반을 거론한 일본의 문제 해결 촉구를 문재인 정부가 외면하고 '사법부 판결 존중' 입장을 고수한 데서 자초했으며, 이 조치로 인해 한국이 일본에 경제의 급소를 얻어맞아 심각한 어려움에 처할 가능성이 크다는 주장을 펼쳤다. 일본의 보복을 충분히 예견할 수 있었는데도 정부가 외교적 협상을 통한 해결책을 적극적으로 모색하지 않고 기업이 알아서 해결하라는 식으로 안이하게 대처해 위기를 불렀고, 구시대적이고 유치한 감정적 대응으로 일본에 무역 보복 조치의 강도를 높일 빌미만을 주었다고 비판한다. 한마디로, 보수 신문의 눈에는 정부가 은유적으로 적절한 위기관리 역량이나 정확한 상황 판단 능력은 물론이고 책임감도 없는 무능력한 얼치기일 뿐이다.

- 日·中·美 우리 기업들 직접 겨냥, 정부는 어디에 있나(《조선일보》, 2019. 7. 2.)
- 시작된 일본의 경제 보복, 정부는 외교 역량 총동원해 풀라(《중앙일보》, 2019. 7. 2.)
- 기업에 "일본의 경제 보복, 사전에 몰랐냐"고 묻는 정부(《중앙일보》, 2019. 7. 4.)
- '전략적 침묵'한다는 청와대, 무능 무책임일 뿐(《조선일보》, 2019. 7. 4.)
- 日 계산된 홀대 말려들지 말고 냉정하게 대처해야(《조선일보》, 2019. 7. 13.)
- 청와대와 민주당, 감정을 앞세울 때가 아니다(《중앙일보》, 2019. 7. 16.)
- "도쿄 여행 금지 검토, 지소미아 파기"… 여당, 감정에 기댈 땐가(《중앙일보》, 2019. 8. 6.)
- 도쿄 올림픽 보이콧 논의? 여당 도대체 어디까지 갈 건가(《중앙일보》, 2019. 8. 8.)

정부의 위기관리 능력과 외교적 협상 능력이 부족했다고 질타하는 데 중점을 둔 보수 성향의 신문 사설과 달리, 진보 성향의 신문은 한일 갈등을 해소하기 위한 현 정부의 시도를 어느 정도 인정하는 사설을 실었다. 구체적으로는 한일 관계의 파국을 원치 않는다고 밝히면서 일본 정부에 수출제한 조치의 철회를 촉구함과 동시에, 일본이 수출제한 조치의 강도를 계속 높이고 수출제한 품목을 확대해서 한국 기업들이 실제로 피해를 입을 경우에는 단호하게 맞대응하겠다는 문재인 대통령의 입장을 지지하는 내용을 담고 있다.

진보 성향의 신문은 일련의 사설에서 얼핏 보기에는 수출제한 조치를 취한 일본과 아베 정부를 비판하는 것처럼 보이지만 사실은 우리 정부에 더 많은 책임을 돌리고 있는 보수 신문의 주장*을 반박하면서 일본 정부에 적대적 행위의 철회를 촉구한다. 또한 한일 갈등이 장기화할 가능성이 큰 상황에 대비해 정부와 기업의 당당한 공동 대응과 정치권의 초당적 협조를 촉구하거나 지지한다. 그리고 일본의 수출제한 조치로 한국 기업들의 피해가 예상되는 긴박한 위기의 순간이라 하더라도 일본의 일방적인 거짓 주장을 묵과할 수 없다면서 경고의 메시지를 전하는 대통령의 당당한 대응을 지지한다. 한마디로, 진보 신문의 이러한 사설들에서 [대통령과 정부는 당당한 전사]이며, 앞으로도 계속 그러해야 한다고 요구한다.

---

* "이번 사태는 강제징용자 배상을 둘러싼 외교 갈등 때문에 빚어진 정부발 폭탄이다."(《조선일보》, 2019. 7. 4.), "일본의 보복까지 부른 한·일 갈등은 강제징용 배상 판결에서 비롯된 외교 문제다."(《조선일보》, 2019. 7. 15.), "한국을 이처럼 만만한 국가로 보는 일본의 몰상식과 무례를 우리가 자초한 측면이 크다."(《한국경제》, 2019. 7. 2.), "문 정부 들어 위안부 합의와, 대법원 관련 판결 지연을 적폐로 몰아 처단한 일도 영향을 미쳤을 것 …… 문 대통령이 결자해지의 각오로 아베 총리와 담판에 나서야 한다."(《문화일보》, 2019. 7. 2.) 등에서 현 정부가 일본의 대한 수출제한 조치를 자초했다는 주장은 쉽게 확인할 수 있다.

- 일본의 보복이 '한국 정부 책임'이라는 터무니없는 주장(《한겨레》, 2019. 7. 5.)
- 문 대통령 '보복 사태' 첫 경고, 일본 무겁게 받아들여야(《경향신문》, 2019. 7. 8.)
- 아베, 막다른 길로 가지 말라는 문 대통령 경고 새겨야(《경향신문》, 2019. 7. 10.)
- '일본 보복에 공동 대응' 뜻 모은 문 대통령과 재계(《한겨레》, 2019. 7. 10.)
- 일본, 말 바꾸기와 억지 그만하고 한국과 협상 나서라(《경향신문》, 2019. 7. 14.)
- 대통령·여야 대표 속히 만나 '경제 보복' 초당 대처해야(《경향신문》, 2019. 7. 15.)
- 정부, 의연하고 단호하게 대처해야(《경향신문》, 2019. 8. 2.)

전쟁을 통해서 많은 이익을 얻는 특별한 사람들이 아니라면, 아무도 경제적 갈등이 군사적 충돌로 이어지길 바라지는 않을 것이다. '혐한'과 '반일'의 대결 감정이 한국과 일본의 시민들에게도 무분별하게 퍼져나가지 않을까 염려된다. 그것은 화려한 옛날의 부활을 그리는 일본의 극우파와 군국주의 세력이 정말로 원하는 바일 테니까. [일본은 악당] 은유나 [한국은 적] 은유가 두 나라 시민들의 삶을 위태롭게 하고 있다. 이러한 은유를 추방하기 위해 무엇을 어떻게 해야 할지 깨어 있는 시민들 모두가 진지하게 성찰할 때이다.

4장

성과 사랑의 은유

여성이 횟감인가,
자연산이게?

- 일본군은 14~20세의 약 20만 명의 여성을 위안소에서 일을 시키기 위해 강제로 모집해 징용했다. …… 도망치려 했다가 살해된 '위안부'도 있었다. …… 일본군은 '위안부'를 천황의 선물로 군대에 바쳤다.

미국 캘리포니아주 로스앤젤레스와 인근의 공립 고등학교에서 사용하는 세계사 교과서에 실린, 일본군 '위안부'를 기술하는 내용의 일부이다. 일본 외무성은 2015년 8월 이 교과서를 간행한 출판사 맥그로힐에 이 내용이 허위라며 수정을 요구했다. 그러나 일본군 '위안부'가 존재했다는 사실은 1931년의 만주사변 이후 중국에 주둔하던 일본군 제11군 제14병참병원 육군 군의관 아소 데쓰오가 일본군의 성병 예방을 위해 상해의 일본군 주둔 지역에 끌려온 100명의 여성(그중 80명은 조선 여성)을 대상으로 성병 검진을 실시하고 그 결과를 보고하면서 직접 작성한「화류병의 적극적 예방법」에서 분명히 확인할 수 있다.

- ('위안부'들은) 천황의 군대 장병에게 주는 선물이다. …… (위안소는) 위생적인 공동변소이므로…… 술을 마시고 들어가서는 아니 된다.

일본군 '위안부'의 존재는 미국 국립문서기록관리청에서 발굴한 일본군 포로 심문 보고서에도 기록되어 있다. 다음 내용은 미군이 버마(현 미얀마)에서 일본군 포로 류 이쓰시를 심문한 내용의 일부이다.

- (버마의) 일본군을 위한 위안부는 모두 조선인이다. …… 이들이 전투지대에 보내졌다면 성에 굶주린 일본군에 의해 다 죽었을 것이다.

이 글에서 나는 일본군 '위안부'의 존재 자체에 대해 어떤 주장을 펼치려는 것이 아니다. 나의 관심사는 일본 병사들에게 끝없는 성

폭행 피해를 당한 여성들에 대해 일본군 지휘관 아소 데쓰오가 지니고 있던 인식이다. 그는 이 여성들을 '천황이 자신을 비롯한 병사들에게 주는 선물(皇軍將兵への贈り物)'이라 묘사한다. 구체적으로 그는 이 성폭행 피해 여성들을 어떤 종류의 선물로 인식했을까? 이에 대한 대답은 포로인 류 이쓰시가 미군에게 심문을 받으면서 한 말에서 찾을 수 있다.

원래 동사 '굶주리다'의 중심 의미는 "먹을 것이 없어서 배를 곯다"이다. 하지만 '성에 굶주린 일본군'이라는 표현에서 류는 "오랫동안 성관계를 가지지 못하거나 이성과 접촉하지 못하다"라는 속된 의미로 이 동사를 사용하여, 성적 욕망을 충족하지 못한 상태를 장기간의 굶주림에 비유했다. 그의 인식에서 '위안부'로 끌려온 여성은 자신을 비롯한 군인들의 굶주린 배를 채워주는 음식에 불과했으며, 장병들의 성적 욕망은 굶주림을 해소하고픈 욕망에 대응했다.

여성의 성적 대상화,
여성의 비인간화
|
[여성은 물건]
|
[여성은 음식]
|
[위안부는
식욕을 돋우는 음식]

또한 병사들이 성욕의 충족을 위해 성관계의 대상을 찾아 성관계를 하는 것은 배고픔을 해소하기 위해 음식물을 구하여 섭취하는 것에 해당했다.

군의관 아소의 인식도 포로인 류의 인식과 다르지 않으며, 아소가 사용한 표현 '천황의 군대 장병에게 주는 선물'은 바로 성적 상대자를 식욕을 돋우는 음식으로 보는 인식에서 나온 것이다. 이러한 천박한 인식에서는 당연히 피해 여성들에 대한 인간적 연민이나 공감은 물론이고 인간으로서 최소한의 예의마저 나올 수 없다. 지휘관인 장교의 인식이 이러할진대, 자신들의 동물적인 성욕 충족을 위한 성폭행의 피해자였던 이 여성들을 아무런 죄책감 없이 '야계(野鷄)'라 부르며 비하한 일본군 사병들의 비인간적인 언행은 하나도 이상할 게 없다. 성폭행을 가한 그들에게 여인들은 마치 들판에서 잡아와 요리한 닭고기와 다름없는 존재였던 것이다. 절망스러운 현실에서 절규하던 여인들의 고통이 절절이 다가오며 가해자 집단인 일본군의 비인간성에 치미는 분노를 어찌할 수 없다.

한국 사회에 만연한 [성적 상대자는 음식] 은유

성적 상대자인 여성에 대해 인간으로서의 존엄성이나 권리를 인정하지 않고 일종의 물건으로 보는 천박한 은유적 인식은 침략 전쟁을 벌였던 1940년대 초반의 비인간적 일본군만 가졌던 것이 아니다. 이러한 인식은 21세기의 한국 사회에서 큰 영향력을 행사하고 있는 지도층 인사들의 발언에서도 분명히 확인할 수 있다.

• (여자) 아나운서로 성공하려면 <u>모든 것을 다 줄 생각을 해야</u> 하는데 할 수 있겠느냐.

몇 년 전 한 국회의원이 대학생들과 가진 술자리에서 아나운서를 꿈꾸던 여학생에게 한 발언이다. 이 발언으로 그는 소속 정당에서 제명을 당하고 여성 아나운서를 모욕하고 명예를 훼손했다는 혐의로 기소를 당했다. 이 발언 역시 여성을 성적 대상화하고 물건으로 인식하는 사고방식과 관련이 있다. 군의관 아소의 발언에서는 천황이 장병에게 특별히 주는 선물로서 '위안부'들이 자기 몸에 대해 아무런 결정권도 가지지 못하는 존재인 반면에, 이 국회의원의 발언은 여성 아나운서 지망생들이 자신의 '무언가'—아마도 '몸'—를 누군가(?)에게 줄지 말지를 선택하는 결정권자라는 뜻을 함축한다는 점에서 차이가 있기는 하지만 말이다.

성적 상대자인 여성을 식욕을 돋우는 음식으로 인식하는 태도는 한국인들의 사고 체계 속에도 깊숙이 자리 잡고 있으며, 일상의 언어 표현으로 흔히 발현된다. 이 점은 2011년 한 도지사가 공적인 강연에서 한 다음 발언에서 확인할 수 있다.

• 춘향전이 뭡니까. 변 사또가 춘향이 따먹으려는 거 아닙니까?
…… (변 사또가) 재산 빼앗아가고 부패만 저지르는 게 아니라

처녀 몸, 생사여탈을 제 맘대로 하는 썩어빠지고 형편없는 이런 관리들에 의해 이 나라 백성이 수천 년간 피해를 보고 살아왔는데 이 시대 공무원들은 얼마나 잘합니까?

'따다'와 '먹다'의 결합에서 나온 '따먹다'(따서 먹다 → 따 먹다 → 따먹다)의 중심 의미는 행위자가 "나무에 매달려 있는 어떤 과일에 힘을 가한 결과로 자신의 손에 넣은 그 과일을 소화기관을 통해 섭취하는 과정"을 지시한다. 하지만 도지사의 발언에서 '따먹다'는 은유적인 의미로 사용되어 "변 사또가 권력을 이용해 춘향을 성폭행하려한 사건"을 지시한다. 그 결과 춘향은 변 사또의 식욕을 돋우는 '음식'에 해당하고 변 사또의 성폭행은 '음식 먹기'에 대응한다. 이러한 인식에서 발현된 앞의 발언 때문에 그 도지사는 한 인격체인 춘향을 저급하게 비하하고 성적 대상화했다는 비난을 받았다.

한국인들은 여성을 과일에만 비유하는 것이 아니다. 2010년, 당시 집권당 대표였던 한 국회의원은 성형을 하지 않은 여성을 생선회에 비유하는 성희롱 발언으로 곤욕을 치른 적이 있다.

- 연예인 한 명에게 들어가는 성형 비용만 일 년에 2~3억 정도가 된다고 하더라. …… 요즘은 룸(살롱)에 가면 오히려 '자연산'을 찾는다고 하더라.

이러한 비유는 흔히 볼 수 있다. 소설이나 광고 같은 특수한 맥락에서는 '가장 물 좋은 성인 나이트클럽'이나 '돈을 미끼로 여성을 낚다'와 같은 표현을 별다른 의식 없이 사용하며, 이러한 표현이 은유적인 줄조차 모른다. 이 은유가 한국 문화에서 생겨난 사고 체계의 일부라 하더라도 사용을 피해야 한다. 앞의 정치인이 특히 비난을 받았던 것은, '자연산(회)' 발언이 비록 개념적 은유 [성적 상대자는 (식욕을 돋우는) 음식]의 발현임에는 틀림없지만 일상 언어에서는 흔히 사용되지 않는 매우 창조적인 표현이며 이 은유로부터 상당히 정교한 몇 단계 추론을 거쳐야 나올 수 있는 표현이기 때문인 것으로 보인다. 그 표현에 도달하기까지 꽤 의식적인 노력을 기울였다는 말이다.

남성이 성적 상대자를 음식에 비유하는 은유에서 발현되는 언어 표현이 훨씬 더 많기는 하지만, 거꾸로 남성 상대자가 음식물로 간주되는 은유적 이해 방식도 있다. 이것은 2012년 대통령 선거에서 한 후보의 공동선거대책위원장을 맡았던 여성 기업인이 젊은 남성을 향해 했다는 발언에서 확인할 수 있다.

• 내가 영계를 좋아하니 가까이 와서 사진을 찍자.

원래 '영계'의 지시적 의미는 "병아리보다 조금 더 자란 닭"이다.

그런데 이 말이 흔히 성적인 함축을 지닌 것으로 해석되어 성희롱 논란을 야기하는데, 이 표현 역시 [성적 상대자는 음식] 은유의 언어적 발현이다. 구체적으로 말하면, 이 표현은 이 은유의 하위 사상 체계에서 나오며, 매력이 있는 젊은 남성을 백숙으로 요리되는 어린 닭에 비유한다.

'인지적 무의식'에 기댄 변명은 그저 핑계일 뿐

인지언어학자들이 주창하는 '신체화된 인지' 이론에 따르면, 우리의 마음은 신체화된 경험으로부터 발생하고 사고는 대부분 은유적 개념으로 구성되어 있으며, 우리의 인지는 거의 대부분 무의식적으로 작동한다. 세계의 어느 곳에 살든지 우리 인간은 현재와 같은 신체를 지닌 존재로서 상당히 많은 경험을 공유할 수밖에 없고 우리의 사고는 문화 속에서 형성된 이 신체적 경험의 제약을 받는다. 이 이론에 따르면 성과 관련해서 한국인과 중국인, 미국인의 경험이 상당히 유사한 측면이 있고, 성적 경험의 측면이 성에 대한 은유적 사고를 형성하며 이 사고는 대부분 무의식적으로 작용한다고 추론할 수 있다. 영어 화자들과 한국어 화자들, 중국어 화자들이 성적 상대자를 음식에 비유하기 위해 쓰는 다음 표현들에서 이 추론의 근거를 확인할 수 있다.

- He is sex-starved.(그는 성에 굶주려 있다.)

- I hunger for your touch.(나는 네 애무에 굶주려 있다.)

- You have a remarkable sexual appetite.(너의 성적 식욕은 놀
랍다.)

- I thirst for your kisses.(나는 네 키스에 목마르다.)

- 『여성 클리닉 전문의가 쓴 맛있는 섹스 레슨』

- 육감적(肉感的)인 여인의 유혹

- 성에 목마른 광기의 여자

- 性飢渴(채워지지 않은 성욕)

- 吃豆腐(두부를 먹다 → 성희롱하다)

- 吃禁果(금과를 훔쳐 먹다 → 남자와 여자가 남몰래 성관계를 가지다)

- 男主人公在钓女人方面都有非凡的魅力(남주인공은 여자를 낚는 비
범한 능력이 있다.)

인간의 사고가 은유적 개념적으로 구성되어 있고 무의식적으로
작동한다면, [성적 상대자는 음식] 은유에서 발현되는 언어 표현을
사용해도 정당할까? 절대로 그렇지 않다. '인지적 무의식'은 은유적
사고가 뇌 속에서 어떤 방식으로 작동하는지 자세히 접근할 수 없

을 정도로 빠르게 인지적 의식 아래에서 작동함을 가리킨다. 달리 말하면, 이것은 우리가 어떤 은유적 개념을 사용할 때 의식적인 인식의 층위에서 작용하는 수많은 과정을 하나하나 다 알아차리지 못한다는 것을 의미한다. 우리가 어떤 은유의 사용을 절대로 억제할 수 없다는 것은 결코 사실이 아니며, 조금만 주의를 기울이면 자신이 사용하는 은유가 어떤 반향을 불러일으킬지 충분히 파악할 수 있다.

따라서 다른 사람들에게 불쾌감을 주거나 다른 사람들의 삶을 억압하는 은유를 아무렇게나 사용하는 것은 '인지적 무의식'의 이름으로 용인할 수 있는 것이 결코 아니다. 사람을 은유적으로 음식으로 개념화하는 방식―즉 [성적 상대자는 음식]―에서 발현되는 언어 표현을 사용하여 성희롱 논란을 일으키고는 자기도 모르게 그랬다―즉 무의식적으로 사용했다―고 말하는 변명은 통할 수가 없다. 문제의 당사자들은 대개 친근감을 표시하기 위한 농담이었다는 식으로 해명했다. 하지만 그들은 자신들이 사람을 성적인 관점에서 생명 없는 물건으로 대상화하고 있다는 사실을 알고 있었거나, 조금만 더 주의를 기울였다면 최소한 이러한 표현의 발화가 상대방에게 성적 불쾌감을 줄 수 있다는 사실은 감지할 수 있었을 것이다.

여성을 비인간화하는 은유, 이제는 뿌리 뽑아야

[성적 상대자는 음식]이라는 개념적 은유에서 발현되는 언어적 표현들은 한국인들이 경험하는 일상의 대화에서, 문학작품에서, 광고에서, 영화의 대사에서 사용되고 있다. 비록 이 은유가 우리의 개념 체계 속에 자리 잡고 있다고 해도, 우리는 이 은유를 아예 사용하지 않거나 최대한 절제해야 한다. 특히 정책의 입안이나 제도의 시행을 결정하는 지위에 있는 사람, 사회적 영향력을 행사하는 지위에 있는 사람이 이러한 언어 표현을 세심한 주의 없이 사용하는 것은 훨씬 더 큰 문제가 된다. 성희롱의 대상이 된 사람들에게 수치심과 모욕감을 주는 데 그치지 않고 생명을 좌우할 수도 있기 때문이다.

은유의 비인간적 파괴력은 [성적 상대자는 음식] 은유의 비언어적 발현에 해당하는 '위안부' 제도에서 실증된다. 이 제도를 도입하고 실행할 영향력을 지닌 일본 제국주의 통치자들과 군 지휘관들의 머릿속에서 활성화되었던 은유는 바로 [여성은 물건], 더 구체적으로는 [여성은 식욕을 돋우는 음식]이었다. 이 은유는 노예 상태의 젊은 여성들에게 성폭행 범죄를 자행한 일본군들이 무언가 '위안'을 받을 만한 가치 있는 일을 했다는 인상을 심어준다. 실재를 은폐하고 왜곡하는 이 은유의 작용으로 인해, 그들은 잔인한 인권 침해를 저지르면서도 양심의 가책을 느낄 필요가 없었다. 그들의 머릿속에서 '위안부'는 인간이 아니라 다 쓰면 버려도 되는 물건(음식)이었고, 병에 걸리거나 부상당한 '위안부'는 그저 부패한 음식물이었다.

2015년 말 박근혜 정부가 '위안부' 문제에 대해 창조적 대안을 이 끌어냈다고 발표한 합의문을 듣고 많은 사람이 분노했다. 합의문에 는 국가가 자행한 비인간적이고 폭력적인 범죄에 대해 일본 정부의 법적인 책임을 묻는 내용도, 일본 정부가 그런 사실을 인정한다는 내용도 없었다. 우리 정부 관계자들은 '위안부' 피해자들의 고통에 진정으로 감정이입을 했을까? '위안부' 피해자들을 처치 곤란한 '물 건'으로 본 것은 아닐까? '위안부' 피해자를 지원하는 재단에 일본 정부가 내기로 했다는 10억 엔의 기금을 '어떤 이름의, 어떤 성격의 돈'이라고 생각하고 덜컥 합의했을까? 한마디로, [위안부는 물건] 은유가 작용하지 않았을까 하는 우려를 금할 수 없었다.

적게는 3만 명에서 많게는 22만 명에 이른다는 여인들에게 견딜 수 없는 고통과 절망, 죽음을 초래한 일본군 '위안부' 제도의 밑바탕 에 깔린 은유 ―[성적 상대자는 물건(음식)]― 를 한국인들이 별다 른 의식 없이 사용하고 있다는 것은 부끄러운 일이 아닐까. 그것은 여성을 성적 대상으로만 파악하는 은유적 사고가 개개인은 물론 사 회적 의식 속에 단단히 뿌리내리고 있음을 반영하는 것이 아닐까.

왜 사랑에
굶주린다고 할까?

사랑이 무어냐고 물으신다면 눈물의 씨앗이라고 말하겠어요.

먼 훗날 당신이 나를 버리지 않겠지요.

서로가 헤어지면 모두가 괴로워서 울 테니까요.

초등학교 시절에 들었던 유행가 가사의 일부이다. 따라 부르기는 했지만, 낭만적 사랑이 무엇인지 당시에는 그 의미를 정확히 알 수 없었을 것이다. 그러기에는 사랑에 대한 은유적 사고의 토대가 되는 사랑의 체험이 턱없이 부족했기 때문이리라. "아끼고 위하는 따뜻한 마음"이나 "남녀가 서로 좋아하고 애틋이 그리는 마음"이라는 사랑의 사전적 정의를 알고 있었다면 어땠을까? 역시 불가능했을 것이다.

사랑이 좋아함에 의해 기술되고, 좋아함이 다시 사랑에 의해 기술되는 이 순환적 정의는 사랑이 무엇인지에 대해 막연한 느낌만을 전하고, 사랑의 구체적 측면들에 대해서 우리가 느끼는 만큼의 정보를 충분히 제공하지 못한다. 사랑은 눈에 보이거나 만져서 객관적으로 실체를 알 수 있는 대상이 아니라, 인간의 기본 감정들 가운데 하나로 추상적인 것이다. 사랑과 같은 추상적인 감정의 의미는 오직 은유적인 방식을 통해서만 알 수 있다. 사랑의 의미가 무엇인지는 사전식 정의에 의해서가 아니라, 사랑하고 있는 사람들이 흔히 보이는 행동과 생리적 반응에 대한 우리의 경험을 통해서만 이해할 수 있다.

사랑의 중심 은유, [사랑은 두 물건의 결합]

우리는 사랑에 대하여 흔히 이렇게 생각한다. 성 소수자의 경우에는 예외이겠지만 낭만적인 사랑은 보통 성(性)이 다른 두 사람 사이에서 이루어진다. 사랑하는 두 사람 사이에는 오직 사랑할 때에만 느낄 수 있는 독특한 관계가 존재한다. 예컨대 사랑 중인 사람은 상대편을 보면 가슴이 설레고 두근거린다. 또한 사랑하는 대상이

다른 곳에 있을 때에도 생각은 늘 그 사람에게 가 있고, 그를 보고 싶어 한다. 사랑하는 두 사람은 늘 함께 있고 싶어 하고, 사랑하는 상대편과 신체적 접촉을 갖기를 바란다. 상대편의 손을 잡거나 머리를 쓰다듬거나 껴안고 싶어 하며, 또한 상대편도 그렇게 해주기를 기대하고 궁극적으로는 성관계를 가지기를 바란다.

이와 같이 사랑하는 두 사람에게서 찾아볼 수 있는 가장 두드러진 특성은 둘 사이의 물리적 근접성 또는 신체적 접촉이라고 생각한다. 이것을 나타내는 언어 표현들은 개념적 환유 [어떤 감정의 생리적 반응이 그 감정을 대신함]의 사례들이다.

- 그들은 만나자마자 서로 좋아서 얼싸안았다.
- 부드러운 손길로 나를 감싸고 내 머리를 쓰다듬었다.
- 그대가 내 곁에 있어 주면 이 가슴 따뜻하고 그대가 내 곁을 떠나가면 이 마음 쓸쓸하네.
- 나 혼자 걸으면 쓸쓸한 길도 그대와 둘이라면 외롭지 않네.

사랑하는 두 사람은 신체적으로 밀착해 있을 때 체온이 올라가는 느낌을 받으며, 상대편에게 그와 같은 생리적 반응이 일어남을 흔히 느낀다.

- 따스한 온기를 나누리.
- 그녀만 보면 그는 후끈 달아오른다.
- 뜨거운 포옹

체온의 상승은 맥박이 뛰는 속도가 빨라지고 심장의 박동이 빨라지는 것으로 연결되며, 교감신경의 호르몬 분비 촉진으로 인한 몸(전체나 일부)의 떨림으로 이어진다.

- 나 그대에게 모두 드리리, 터질 것 같은 이 내 가슴을.
- 한번쯤 말을 걸겠지. 언제쯤일까. 떨리는 목소리로 말을 걸어오겠지.
- 그녀가 떠날까 봐 그렇게 조바심만 치고 어찌 산대.

체온 상승이나 심장 박동의 증가, 신체의 동요는 사랑 중인 사람의 얼굴에 붉은 기운이 나타나게 하고, 정확한 지각을 방해할 수 있다.

- 첫사랑 만나던 그날 얼굴을 붉히면서 철없이 속삭이며
- 사랑에 빠지면 눈에 콩깍지가 씐다더라.

이처럼 사랑할 때 느끼는 생리적 행동 반응들, 신체적 근접이나

맥박의 증가, 숨 가쁨, 얼굴 빨개짐 등은 사랑 개념을 구조화하는 많은 은유들의 근거로 쓰인다. 특히 신체적 근접이라는 행동 반응은 사랑 개념을 밝히는 데 중심적 역할을 하는 은유 [사랑은 두 물건의 결합]의 기초가 된다. 또한 체온의 상승은 [사랑은 불], 불완전한 지각은 [사랑은 미침], 맥박의 증가나 몸의 떨림은 [사랑은 무아경]의 근거가 된다.

먼저 [사랑은 두 물건의 결합] 은유에서 언어적으로 발현된 다음과 같은 표현을 살펴보자.

- 나는 당신의 영원한 반려자가/배필이 될 거예요.
- 일가친척들과 여러 친지들 앞에 이 두 사람이 이제 하나가 되었음을 선포합니다.
- 그들에게는 이 모든 것이 서로를 더욱 단단히 묶어놓는 사랑의 사슬이 되었다.
- 그들은 갈라선 지 십 년 만에 재결합했다.
- 그들의 사랑은 한 달도 못 가서 깨졌다.

'반(伴)'과, '려(侶)', '배(配)', '필(匹)'의 글자 그대로의 의미는 두 개의 구체적인 물체가 만나 전체를 이루는 결합체(예: 신발, 가위 등)의 한쪽을 가리킨다. 따라서 '반려'나 '배필'로 지칭되는 사랑 중인 두 사람은 따로 떨어져 있으면 불완전하고 결합해야 비로소 완전해지는 두 조각에 대응한다. 이 대응은 '하나가 되다', '갈라서다', '(재)결합하다', '깨지다' 등의 어구에도 암시되어 있다.

사랑 은유 ①: [사랑의 대상(연인)은 음식]

[사랑은 두 물건의 결합] 은유는 사랑 중인 두 사람을 단순히 물건으로 본다. 이 물건들이 무엇인가에 따라 사랑 개념의 구조들이 훨씬 더 상세하게 드러나는데, 대개 상대편에게 꼭 필요한 물건, 즉 필수품으로 개념화된다. 우리가 살아가는 데 가장 중요한 것은 음식이다. 다음은 사랑의 대상(연인)을 식욕을 돋우는 음식으로 개념화하는 은유를 예시하는 언어 표현들이다.

- 그리고 목마름에 허덕이듯 서로의 입술을 찾았다.
- 나는야 사랑에 굶주린 여인
- 감미로운 첫날밤을 보낸 그들은 마냥 행복해했다.

이때 식욕을 돋우는 음식은 생명 유지에 꼭 필요한 것이면서, 단지 배를 채우기 위해 닥치는 대로 집어넣는 음식이 아니라 좋아하는 음식을 나타낸다. "보기 좋은 떡이 먹기도 좋다"라는 속담이 암시하듯, 음식의 맛은 연인들의 아름다움에 대응한다.

[연인은 음식] 은유는 [성욕은 식욕] 은유를 함의한다. 식욕을 돋우는 음식을 앞에 두고 먹지 못할 때 우리는 배고픔을 느끼며 그것을 몹시 먹고 싶어 한다. 사랑하는 어떤 사람이 자신의 연인에 대하여 가지고 있는 궁극적인 욕망은 성적인 관계를 맺고 싶은 욕망이다. 이 성욕이 식욕을 통해서 개념화된다.

- 지나가는 여학생들 건들지 말고 그냥 입맛만 다셔, 알았어?
- 신혼 생활이 <u>고소한 깨소금 맛</u>이지.
- "동훈이가 어제 영희를 <u>따먹었</u>대요." "따먹은 게 뭐냐 점잖지 못하게, <u>잡수셨</u>지."

'먹음직스럽다', '감칠맛 나다', '탐스럽다', '따먹다' 등은 한국어 사용자들이 성욕의 대상을 음식으로 개념화하는 다양한 방식을 예시한다. 성욕을 충족시켜주는 대상은 일반적 음식뿐 아니라 고기, 조개류, 양념, 과일 등 더 구체적인 종류의 음식으로 개념화될 수도 있다.

'사랑에 굶주리다', '사랑에 목마르다', '신혼의 달콤함', '첫사랑의 씁쓸함' 등과 같이 '사랑' 개념 자체를 음식으로 개념화하는 표현에서는 남성이든 여성이든 젠더 구분 없이 서로에게 이 은유적인 음식(의 요소)일 수 있다. 하지만 거의 대부분의 경우에 '맛있는 음식'에 비유되는 연인은 여성이다. [연인은 음식] 은유가 비대칭적으로 발현하는 것은 한국 사회를 천년 이상 지배해온 유교의 근본주의적인 남존여비 사상과 가부장제에서 비롯된 것으로 보인다.

사랑 은유 ②: [연인은 새]

한국어에서 연인들은 한 쌍의 새로 개념화되기도 한다. [연인은 새] 은유는 낭만적인 사랑의 개념적 망 속에서 '연인들의 다정함', 즉 '평화롭게 어울리는 두 연인의 모습'을 부각한다.

- 비둘기처럼 다정한 사람들이라면 포근한 사랑 엮어갈 그런 집을 지어요.
- 외로운 이 언덕에 영원히 변치 않는 원앙이 되자.
- 사랑의 보금자리
- 그 신혼부부는 반지하 단칸방에 둥지를 틀었다.

예로부터 비둘기는 온순한 새, 평화를 상징하는 새로 여겨져왔다. 비둘기의 온순함과 다정함은 다툼이 없는 연인들의 다정함에 대응하며, 비둘기의 아름다움은 연인의 아름다움에 해당한다. 또 한국어 사용자들은 연인들을 원앙이나 잉꼬로 개념화한다. 잉꼬와 원앙의 암컷과 수컷이 늘 함께 다니고 사이가 좋은 것은 연인들의 친밀감과 다정함으로 전이된다. '보금자리'나 '둥지'는 한 쌍의 새들의 거처로, 연인들이 사랑을 나눌 수 있는 아늑하고 편안한 터전이된다.

사랑 은유 ③: [연인은 주인]

연인을 따뜻함과 아늑함을 주는 대상으로 개념화하는 [연인은 새] 은유와 달리, [연인은 주인] 은유는 연인을 복종하고 존경해야 할 주인으로 개념화한다는 것을 보여준다. 다음의 예를 살펴보자.

- 이 생명 다 바쳐서 이 한 목숨 다 바쳐 내 진정 당신만을 사랑해.
- 그녀는 남편을 떠받들고 산다.
- 나 그대에게 모두 드리리, 터질 것 같은 이 내 사랑을.
- 나는 당신의 노예가 되어도 좋아요, 당신이 날 받아주기만 한다면.

애정이나 사랑의 마음을 더 많이 가지고 있다고 느끼는 연인은 상대편을 자신이 복종하고 섬겨야 할 주인으로 생각하며, 자신은 그 주인의 지시를 받아야 할 하인이라고 여긴다. '바치다'와 '떠받들다', '드리다'가 공통으로 지닌 글자 그대로의 의미는 아랫사람(하인)이 윗사람(특히 주인)에게 자신의 재물이나 물리적 힘, 마음의 정성(심지어는 목숨까지도)을 아낌없이 다 사용하여 공경하는 것이다. '주다'의 의미 자체에는 상하 관계가 내포되어 있지 않지만, 사랑의 마음을 받는 연인이 우리를 대상으로 이해되고 있음을 나타낼 수 있다. 사랑을 주는 쪽보다 받는 쪽이 힘이 있는 것으로 이해되며, [힘이 있음은 위, 힘이 없음은 아래]로 은유적으로 이해되기 때문이다.

사랑 은유 ④:
[(연인의) 아름다움은 힘], [변화는 이동]

한국인은 흔히 사랑을 줄다리기에 비유한다. 줄다리기에 양쪽 편이 있듯이, 사랑에도 그에 참여하는 두 사람이 있다. 줄다리기에서 상대편의 잡아당기는 힘이 강하면 아무리 버티려 해도 그쪽으로 끌려가게 된다. 이것은 사랑 관계에서 한 연인이 연정을 품지 않으려는 자신의 의지와는 반대로 상대편을 좋아하거나, 이것저것 따져보며

심사숙고할 겨를도 없이 상대편을 좋아하게 되는 상태에 해당한다.

- 그녀에게는 <u>사람을 끄는</u> 묘한 매력이 있어.
- 만나자마자 <u>그녀에게 이끌리는</u> 마음을 그는 어찌할 도리가 없었다.

동사 '끌다'와 '이끌리다'의 문자적인 의미는 둘 다 "어떤 사람(행위자)이 다른 어떤 사람(피행위자)에게 물리적 힘을 가해 둘이서 함께 공간적으로 이동하는 과정"을 나타낸다. 하지만 앞의 예문에서는 이 두 동사가 어떤 공간적 이동의 의미도 내포하지 않으며, 오히려 은유적으로 사람의 사랑 감정 발현을 가리킨다. 구체적으로는 상대편의 미모에 영향을 받은 연인의 감정 변화, 즉 연정이 없던 상태에서 연정이 존재하는 상태로의 변화를 지시한다. 이것은 '상태'를 일종의 "장소", '상태 변화'를 "공간상 이동", '인과관계'를 "강제적 이동", '원인'을 "힘"으로 은유적으로 이해하는 방식이 우리의 마음속에 존재한다는 것을 예시한다. 그리고 사랑의 감정을 이끌어내는 원인은 물리적인 힘이 아니라 대개 비(非)물리적인 힘이다. 즉, 사랑 관계에서는 바로 [(연인의) 아름다운 외모가 물리적 힘]이다.

- 눈이 몹시 커다란 이름 모를 아가씨, 난 사랑했었네, 첫눈에 <u>반</u>

해버렸네.

- 그녀의 눈부시게 아름다운 미모가 날 현혹하고 있어.
- 어쩌다 마주친 그대 모습이 내 마음을 사로잡아/앗아가버렸네.

상대편 연인에게서 사랑의 감정을 유발하는 힘—즉 아름다운 외모—은 강력하게 물리적으로 잡아당기는 물리적인 인력(引力)일 수도 있고 초현실적인 존재인 도깨비나 마귀에 홀리듯이 무언가에 관심을 집중하도록 유도하는 마력(魔力)이나 매력(魅力)일 수도 있다. '끌다'와 '잡다', '사로잡다', '빼앗다', '앗다'의 의미에는 분명히 사람이나 물건을 잡아당기는 어떤 힘이 들어 있다. 사랑 관계에서 이러한 힘의 영향으로 이동하는 것은 몸이 아니라 마음이다. 즉, 상태 변화를 겪는 마음은 은유적으로 공간상에서 이동하는 몸이다. 이 [변화는 이동] 은유와 [아름다움은 힘] 은유는 '반하다', '홀리다', '현혹하다', '미혹하다' 등의 의미에도 들어 있다.

개념적 은유의 발현 양상과 성 차별

지금까지 사랑의 대상(연인들)을 어떻게 개념화하는지 여러 은유를 통해 살펴보았다. 목표 영역인 사랑의 대상은 다양한 원천 영역의 관점에서 구조화된다. 흔히 연인은 은유적으로 상대방에게 식욕을 돋우는 음식으로 개념화되고, 이에 따라 성욕은 식욕에 비유되었다. 또한 연인은 '한 쌍의 다정한 새'로 개념화되기도 하고, 공경해야 할 주인으로 개념화되기도 했다.

이 가운데 특히 [연인은 음식] 은유의 언어적 발현 양상은 한국 사회에서 남성과 여성 사이에 존재하는 권력 차이를 반영한다. 은유적으로 성욕을 식욕으로 이해하고 성적 상대자를 음식으로 간주하는 사고방식이 한국 사람들의 마음속에서 보편적으로 작동한다고 하더라도, 이 은유적 사고가 언어로 발현되는 양상은 남성과 여성 사이에 차이가 있다. '맛있는 음식'에 비유되는 성적 상대자로서의 연인은 주로 여성이다. 실제로 성적 상대자를 음식으로 비유하는 표현들을 일상 언어에서 사용하는 발화자들도 대부분 남성이다. 또한 성적 상대자로서 여성에 대한 남성의 생리적·행동적 반응을 나타내는 표현은 '(치마만 봐도) 침을 질질 흘리다', '입맛을 다시다', '따먹다', '뜯어먹다', '키워서 먹다', '잡아먹다', '맛을 보다' 등 아주 다양하지만, 성적 상대자로서 남성에 대한 여성의 생리적·행동적 반응을 묘사하는 표현은 일상 언어에서 찾아보기 어렵다.

물론 남성을 음식으로 간주하는 언어 표현이 상대적으로 대폭 증가하여 [성적 상대자로서의 연인은 음식] 은유의 비대칭적 발현이 바로잡히길 바라는 것은 결코 아니다. 오히려 이 개념적 은유가 우리의 마음에서 깊숙이 자리 잡은 인지적 무의식이라 하더라도 여성에 대해서든 남성에 대해서든 인간을 아무 거리낌 없이 은유적으로 음식으로 묘사하는 표현을 우리의 언어 사용에서 추방해야 한다.

사랑을
측정할 수 있을까?

사랑은 좋아함, 열정, 친밀감, 그리움, 존중심, 성적 욕망 등 여러 감정으로 이루어진 복합적이고 추상적인 감정이다. 추상적인 개념의 실체는 오직 은유를 통해서만 식별 가능하다는 점은 앞에서 설명했다. 여기에서는 한국어 사용자들이 어떻게 사랑의 양이나 크기, 강도와 그 밖의 특성들을 식별하는지 살펴보기로 한다.

더 높이 차오를수록 더 큰 사랑

사랑할 때 우리는 애인이 우리를 얼마만큼 사랑하는지 알고 싶어 한다. 여기서 '얼마만큼'은 사랑에도 많고 적음(즉, 정도의 차이)이 있음을 암시한다. 그러면 사랑의 정도를 어떻게 알 수 있을까? 이에 대한 대답 역시 은유를 통해서만 가능하다.

강도는 흔히 깊이의 정도에 의해서 측정된다. 깊이는 수직성의 척도로 측정되는데, 양도 흔히 수직성에 의하여 은유적으로 이해된다. 이것을 사랑에 적용하면, 사랑의 강도는 물질의 양에 의해서 측정할 수 있다. 그러면 사랑은 어떤 종류의 물건일까?

- 아, <u>봇물 같은 사랑</u> 이 가슴 깊이 가득 채울
- <u>샘물처럼 솟는 그리움</u>
- 그녀는 언제나 사랑이 <u>넘쳐흐른다.</u>

이 표현들은 사랑 또는 사랑과 관련된 감정들(예: 사연, 행복, 정, 그리움 등)이 사랑하고 있는 바로 그 사람의 몸(특히 가슴) 속에 들어 있음을 나타낸다. 일반적으로 신체(의 일부인 가슴)가 여러 감정을 담는 그릇으로 이해되고, 그 감정들은 그릇에 담긴 액체로 파악된다.

[사랑은 그릇 속의 액체]와 [신체는 감정을 담는 그릇] 은유들은

[많음은 위, 적음은 아래] 은유와 결합하여 사랑의 세기가 얼마나 되는지 알려준다. 어떤 그릇이든 그릇의 꼭대기에 이를 때까지 물을 부어 채울 수 있지만, 그 이상 부으면 넘쳐흐르게 된다. 우리는 수직성(원천 영역)에 대한 경험들에서 동시적으로 양(목표 영역)에 대해 경험한다. 이 동시 발생적 체험들이 [많음은 위, 적음은 아래] 은유를 가능하게 하는 근거이다. 또한 어떤 물건의 결합 강도도 수직성 도식의 관점에서 이해된다. 결합의 강함은 높음에, 결합의 약함은 낮음에 해당한다. 따라서 그릇 속에 액체가 없음은 사랑이 존재하지 않음을 나타내고, 액체(또는 물건)가 밑바닥에 있음은 사랑의 시작, 즉 사랑의 세기가 비교적 낮음을 나타낸다. 그릇이 한계점에 이를 정도까지 차 있음은 사랑의 세기가 상당히 증가한 상태를 나타내며, 그릇의 넘침은 사랑의 세기가 최고조에 이르렀음을 나타낸다.

강할수록 더 뜨거워지는 사랑

[사랑은 두 물건의 결합체] 은유는 사랑을, 두 개의 물건이 하나로 합쳐지는 것처럼 두 연인이 결합하는 것으로 본다. 하나로 결합된 물건의 결합 강도는 사랑의 정도, 즉 연인들의 친밀도에 해당한다. 사랑의 정도는 대부분의 경우에 열기라는 개념에 의해서 파악

되는데, 열기는 불에서 나온다. 따라서 불의 세기의 관점에서 사랑의 정도(즉, 연인들 사이의 친밀감 정도)가 이해된다. 다음은 [사랑은 불] 은유를 예시하는 표현들이다.

- 애타도록 보고파도 만날 길 없네.
- 가슴 태우며 기다리기엔 너무나도 멀어진 그대
- 태워도 태워도 재가 되지 않을 사랑을 피우리라.
- 당신이 그 어느 날 사랑의 불을 지폈을 때

'꺼지다'와 '재' 등은 사랑 관계가 존재하지 않음을 나타낸다. '불씨'와 '피우다', '불이 일다'는 사랑의 시작, 즉 사랑의 강도가 낮음을 지시한다. '타오르다'와 '태우다', '뜨겁다', '달아오르다'는 사랑의 강도가 높아지거나 높음을 묘사하는 데 사용되고 있다. 물론 이 은유는 사랑의 강도 외에도 다른 측면까지 구체화한다. '타오르다'와 '꺼지지 않다' 등은 사랑 관계의 지속을 나타내고, '가슴 태우다'와 '애타다'는 대답 없는 짝사랑이나 불안정한 사랑으로 인해 느끼는 불안과 초조감을 지시한다.

　[사랑은 불] 은유도 [사랑은 두 물건의 결합체] 은유와 마찬가지로 신체적 경험에 기초한다. 사랑에 빠진 연인들은 체온이 올라가고 심장 박동이 빨라지고 얼굴이 빨개짐을, 또한 자신이 원하는 만

큼의 사랑 관계를 유지하지 못하거나 서로 사랑을 하면서도 물리적으로 떨어져 있을 때 초조하고 불안한 마음의 연인은 마치 몸에 미열이 있다거나 가슴이 타는 것처럼 느낀다. [사랑은 불] 은유는 사랑할 때 느끼는 체온의 상승과 하강에 대한 체험에 근거한다.

이 은유에서는 원천 영역인 불과 목표 영역인 사랑 사이에 수많은 대응이 이루어진다. 불은 사랑에, 불씨는 사랑의 원인에, 불타고 있는 물건들은 사랑 중인 연인에, 불에 타서 못 쓰게 되는 것은 사랑의 실패로 좌절이나 고통에, 불의 강도는 사랑의 강도에 각각 대응한다. 또한 불에 타버린 물건들은 정상적인 기능을 발휘할 수 없게 되는데, 이것은 사랑에 빠진 사람이 정상적으로 활동하지 못하는 상태—예를 들자면, 정확한 지각을 하지 못하거나 사물에 대한 대처 능력이 저하하는 등의 상태—에 해당한다.

정신 못 차리게 진한 사랑

일반적으로 사랑에 빠진 연인들은 정상적인 대처 능력을 발휘하지 못하는 상태에 처하게 된다. 그런 상태들 중의 하나가 술이나 약을 먹어 그 기운으로 인해 정신이 흐려지는 것이다. 그렇지만 사랑으로 인한 정신의 흐려짐은 고통이 아니라 오히려 환각 상태와 같은 즐거움일 수 있다.

- 짙은 사랑의 향기에 취한 나는 그 향기 속에 잠이 들었소.
- 그녀는 그의 사랑에 흠뻑 취해 있다.
- 너무 사랑에 도취해 있지 마라.

여기에서 사랑하는 연인들의 정신을 흐리게 하는 힘의 원천은 술의 성분(알코올) 또는 향기이다. [사랑은 무아경] 은유는 술에 취한 사람이나 어떤 향기에 혼미해진 사람의 기분 좋음이 사랑을 하면서 느끼는 쾌감에 대응한다는 것을 나타낸다.

가꿀수록 더 자라나는 사랑

앞에서 살펴보았던 [사랑은 불] 은유는 우리에게 사랑의 정도는 물론이고 사랑의 진행 과정 또한 구체적으로 이해하도록 해준다. 불에 대한 통속적인 생각은 불이 지펴진 다음에 타올라서 불꽃이 일었다가 사그라져 재로 변할 때까지의 과정이 그리 오랜 시간이 걸리지 않는다는 것이다. 오히려 순식간에 이루어질 수 있다. 이와 달리 사랑의 과정이 점진적으로 진행되는 면에 초점을 맞추어 사랑을 개념화할 수 있다. 한국어 사용자들에게 사랑의 이 측면은 [사랑은 (꽃)나무 가꾸기] 은유로 나타난다.

- 샘물처럼 솟는 그리움 오색의 무지개 되어…… 사랑은 싹텄네.
- 사랑이 무어냐고 물으신다면 눈물의 씨앗이라고 말하겠어요.
- 드디어 그들의 사랑이 열매를 맺었다.

'움트다'와 '싹트다', '심다'는 사랑의 시작을 암시하고, '꽃이 피어 있음'은 연인들 사이에 사랑이 진행되고 있음을 나타낸다. 씨앗은 나무의 기원이며 나무는 일정한 정도 이상으로 성장하면 열매를 맺는다. 이 열매는 씨앗을 뿌리는 사람의 소망대로 탐스러울 수도 있지만 소망과 반대로 알차지 못할 수도 있다. 어떤 동기에서 시작한 연인들의 사랑은 그 강도가 점점 강해져 어떤 시기에 이르면 행복한 결말로 이어지기도 하고 고통스런 이별로 끝나기도 한다. '눈물'은 사랑의 과정이 원치 않는 이별로 끝난 연인이 느끼는 '슬픔'이나 '괴로움'을 환유적으로 대신한다. 역으로 말하면, 사랑의 부실한 열매는 사랑의 파경으로 인한 고통이다. 따라서 [사랑은 (꽃)나무 가꾸기] 은유는 사랑의 진행 과정과 그 결과가 나무의 성장 상태에 의해 개념화된다는 것을 보여준다.

이 은유의 대응 관계를 요약하면 다음과 같다. 연인들은 (꽃)나무를 가꾸는 사람들에, 사랑의 원인은 (꽃)나무의 묘목이나 씨앗에, 사랑의 시작은 (꽃)나무의 싹이나 움이 틈에, 사랑의 진행은 나무가 자라나 꽃이 피고 열매가 맺음에, 사랑의 강도가 서서히 약해짐은 꽃이 천천히 시들어감에 각각 대응한다. 그리고 우리가 활짝 핀 꽃을 보고 아름답다고 느끼는 것은 다정한 연인들을 보면서 아름다운 한 쌍이라고 느끼는 것에 해당한다.

행복이라는 목적지를 향해 가는 사랑

[사랑은 (꽃)나무 가꾸기] 은유에 더하여 한국인들은 또 다른 방식의 개념화를 통해서 사랑의 점진적 과정을 이해한다. 바로 추상적인 개념인 사랑을 구체적인 여행의 관점에서 이해하는 방식이다. 다음은 이 은유적 개념화에서 언어적으로 발현된 표현이다.

- 사랑했지만 갈 길이 달랐다.
- 지금처럼 고운 사랑을 새기면서 정답게 가는 길
- 우리의 사랑은 더 이상 진전이 없어. 여기쯤에서 끝내는 게 좋겠어.
- 사랑의 기로에 서서/ 사랑의 미로여

- 당신은 나의 동반자
- 뜻밖의 장애물을 만난 그들의 사랑

이 실례들은 상호 연관성이 전혀 없는 개별적인 은유적 표현들이 아니라 개념적 은유 [사랑은 여행]을 통해 체계적으로 연결되어 있다. 달리 말하면 이 표현들은 한국인들이 여행 개념의 경험들과 사랑 개념의 경험들 사이에서 체계적인 대응 관계를 지각한다는 것을 보여준다. 구체적으로 한국인들의 마음속에서 사랑 중인 연인들은 여행의 동행자에, 사랑 관계는 여행 수단에, 사랑 관계의 유지는 차량에 동승한 상태에, 사랑을 하면서 겪는 어려움은 여행을 하면서 부딪치는 장애물에, 사랑의 목표는 여행의 목적지에 각각 대응한다. 이와 같이 [사랑은 여행] 은유도 장기간에 걸쳐 점진적으로 진행되는 사랑의 과정, 즉 시간상에서 펼쳐지는 사랑의 시작과 지속, 완결을 부각한다.

그렇다면 사랑의 장기적·점진적 측면을 식물 재배 경험의 관점에서 은유적으로 개념화하는 방식과 여행 경험의 관점에서 은유적으로 개념화하는 방식 사이에는 어떤 차이가 있을까? 이 두 유형의 경험에서 상대적으로 지각되는 활동의 역동성 정도 차이와 관련이 있다. 꽃이든 나무든 식물은 외적인 힘의 영향이 없으면 공간상의 이동을 할 수 없기 때문에, 싹이 터서 자라고 꽃이 피기까지의 과정이 특정한 한 장소에서 이루어진다. 반면 여행자들은 출발지에서 다양한 이동 수단을 이용해 공간상의 경로를 따라 목적지로 이동하며 이 과정에서 다양한 물리적·정서적 어려움을 겪기도 하고 만족감과 평안함을 느끼기도 한다. 당연히 우리는 대개 식물 재배보다 여행에서 상대적으로 더 다양하고 더 동적인 경험을 한다고 느낀다. 이러한 지각상의 차이에 근거해 [사랑은 (꽃)나무 가꾸기] 은유는 두 연인이 사랑의 강도를 점점 더 높여가기 위해 정성을 다하는 협력적인 과정을 부각하는 반면, [사랑은 여행] 은유는 삶의 행복을 찾아가는 두 연인 사이에 존재하는 관계의 특성과 사랑을 하면서 겪는 다양한 어려움과 감정 변화에 더 초점을 맞춘다.

사랑을 파괴하는 데이트 폭력

지금까지 한국인들이 추상적인 개념인 사랑을 이해할 때 자연스럽게 사용하는 은유들을 원천 영역별로 살펴보았다. 어떤 유형의 원천 영역(예: 식물 재배, 여행, 불)을 통해 사랑 관련 개념을 이해하든 우리가 사랑을 하는 까닭은 근본적으로 연인과의 만남을 통해 평화, 안정, 위안, 격려, 성취, 기쁨, 만족, 희망 등 다양한 긍정적인 감정 상태를 경험하면서 행복한 삶을 살아가기 위함이다. 사랑을 하면서 이러한 경험만을 할 수는 없지만, 연인 관계에서 대결, 갈등, 불안, 위협, 협박, 상실, 슬픔, 불만, 절망 등 부정적인 감정 상태를 빈번하게 겪는다면 이 관계는 절대로 온전한 사랑일 수 없다.

이러한 부정적인 감정 상태는 연인 관계가 건강하지 못할 때, 즉 연인들이 상대를 서로 존중하지 않을 때나 한쪽이 다른 한쪽에게 사랑이라는 미명으로 복종을 강요하거나 폭력을 행사할 때 경험하는 것이다. 이러한 건강하지 못한 연인 관계에서 일어나는 전형적인 사례가 바로 최근에 와서야 비로소 사회적 쟁점으로 떠오르고 있는 데이트 폭력이다. 교제 중인 연인이나 친밀한 감정을 갖고 만나는 상대로부터 행동의 통제를 받고 감시를 당하거나 언어적·정서적·신체적·성적 폭력을 당하는 사람은 불안, 위협, 협박, 상실, 슬픔, 불만, 절망 등의 감정이 뒤범벅된 상태에 처하게 된다. 아무리 그럴듯하게 포장을 하고 미사여구를 사용한다고 해도 이러한 상태는 절대로 사랑 관계라 칭할 수 없다. 데이트 폭력은 피해자의 삶을 불행의 늪으로 몰아넣을 뿐만 아니라 결국은 범죄자로 처벌받아야 할 가해자의 삶도 파탄을 낼 것이기 때문이다.

사랑을 은유적으로 식물로 간주할 때, 데이트 폭력은 이 식물(사랑)의 성장을 촉진하는 자양분이 아니라 식물을 말라죽게 하거나 병들어 죽게 하는 유해한 독극물이다. 식물이 독극물을 섭취하면 열매를 맺고 꽃을 피우는 식물로 성장하지 못하고 죽듯이, 폭력이 발생하는 순간 연인 관계는 더 이상 지속하지 못하고 끝난다. 은유적으로 말하면, 데이트 폭력이라는 독극물을 먹으면 사랑이라는 나무는 죽는다. 따라서 폭력의 가해자는 사랑이라는 식물에 독극물을 주입하는 악당이다.

　사랑을 은유적으로 여행으로 개념화할 때에도 데이트 폭력은 두 여행자(연인들)가 공동의 목적지(예: 행복)에 도달하기 위한 여행(사랑)을 가로막는 장애물이다. 둘이서 여행을 떠나려 할 때 우리는 길을 헤매거나 다양한 장애물에 부딪치더라도 동행자와 서로 협력하고 조정하며 즐겁게 예정된 목적지에 도달하는 것을 꿈꾸지, 도중에 상대에게서 언어적·물리적 폭력을 당해 여행을 중단할 것이라 상상하지는 않기 때문이다. 사랑 관계에서 폭력이 발생하는 순간 피해자에게 가해자는 더 이상 여행의 동행자가 될 수 없다. 그는 여행의 경로에 은유적 장애물(폭력)을 일부러 설치한 사악한 방해자일 뿐이다. 요약하면 데이트 폭력이 [사랑은 식물] 은유에서는 식물(사랑)의 죽음을 초래하는 독극물이며, [사랑은 여행] 은유에서는 목적지에 도달하는 여행(사랑)을 방해하는 장애물이다.

5장

사회적 재난과 은유

국가의 존재 이유를 묻는다, 가습기 살균제 참사

가습기 살균제 참사로 인한 피해를 살펴보면 2016년 5월 현재 정부 집계로는 140여 명이, 피해자 단체 집계로는 220여 명이 사망했다.[*] 폐 손상으로 고통을 받고 있는 피해자들의 수는 훨씬 더 많다. 질병관리본부가 2011년 가습기 살균제와 폐 손상 사이에 인과관계가 있다고 발표하고 5년이 지나도록 정부는 직접 개입할 문제가 아니라며 방관자적 태도를 취해왔다. 피해자들의 고통에 공감하지 않는 정부의 태도에 많은 국민이 분노하자 2016년 5월에야 비로소 대통령은 가습기 살균제 사태에 대한 철저한 조사

[*] 2020년 4월 현재 정부에 접수된 가습기 살균제 피해자는 6,760명이며 이 중 20퍼센트인 1,545명이 사망했다.(《한겨레》, 2020. 4. 21.)

와 피해자 구제를 지시했다.

국민들의 분노의 바탕에는 이 참사에 대한 은유적 사고가 자리 잡고 있다. 거듭 말해왔듯이 은유는 언어생활뿐 아니라 사고와 이해, 행동 방식을 지배하기 때문이다. 언어적 발현을 살펴보면 어떤 은유적 사고를 바탕으로 이렇게 분노하는지를 알 수 있다.

침묵의 살인자, 가습기 살균제

미디어에서는 2011년 이후 이 참사를 꾸준히 보도해왔다. 다음에 제시된 기사 제목들에서 보듯이, 미디어에서는 가습기 살균제 참사를 보도할 때 [가습기 살균제는 살인자/침입자] 은유를 예시하는 표현들을 자주 사용한다. 이 은유는 사람이 아닌 개체에 대한 넓고 다양한 경험을 인간의 동기나 특성, 활동의 관점에서 이해하는 존재론적 은유의 한 유형인 '의인화'에 해당한다. 문자적으로는 사람이 아니라 유독성 물질인 가습기 살균제를 은유적으로 사람(살인자/침입자)으로 이해하는 것이다.

• '침묵의 살인자' 받아 든 독일······ 우리 정부와는 달랐던 대처. 독일 정부의 흡입 독성 시험 요구에 시장 진출 포기한 옥시

- 사람 죽이는 생활 용품: 가습기 살균제
- 질병관리본부 초동 조치 실패
- 가습기 살균제로부터 왜 국민을 보호하지 못했나?

앞의 표현들은 모두 가습기 살균제를 외부에서 침입하여 선한 사람들에게 상해를 입히거나 그들을 죽이는 살인자로 묘사한다는 점에서 은유적이다. 기본적인 의미로 사용될 때 명사 '살인자'는 살아 있는 사람의 생명을 빼앗는 악당을 지칭하고, 동사구 '사람을 죽이다'는 그러한 행위를 가리킨다. 그리고 명사 '초동 조치'는 기본적으로 어떤 재앙적인 사태(예: 전쟁, 범죄, 재난 등)가 발생했거나 발생이 예상될 때 그 피해를 최소화하기 위해 맨 먼저 취하는 대응 행동을 지칭한다. 동사 '보호하다'는 어떤 침입자(예: 외부의 흉악한 적이나 범죄자)로부터 선량한 사람들의 생명을 온전히 지키는 행위를 가리킨다. 그런데 '살인자'와 '사람을 죽이다', '초동 조치', '보호하다' 등이 가습기 살균제로 인해 선한 사람들이 당한 비극적인 피해를 묘사하는 데 사용되고 있다. 이것은 우리나라 국민들이 가습기 살균제를 아무런 명분도 없이 단지 이익을 얻기 위해 선한 사람들에게 신체적 해악을 끼치고, 심지어는 생명까지 빼앗는 살인자—특히 외부 침입자—로 인식한다는 것을 보여준다.

방관하는 정부, 분노하는 피해자들

가습기 살균제가 살인자나 침입자라면, 피해자들이 살인이나 침입을 사주한 사람들에 해당하는 제조 회사에 분노하는 것이 당연하다. 그런데 피해자들은 제조 회사뿐 아니라 정부에 대해서도 분노를 표출한다. 왜 그럴까? 이 질문에 대한 대답은 이와 같은 살인자나 침입자로부터 피해자들을 지켜야 할 책임이 누구에게 있는가와 관련이 있다.

초동 조치를 완벽히 해서 선량한 국민들의 생명을 안전하게 지켰어야 할 보호자는 누구인가? 피해를 입은 당사자 자신과 그의 가족인가, 아니면 정부인가? 앞의 기사 제목들은 우리나라 국민들이 가습기 살균제의 침입으로부터 자신들을 보호하는 역할을 수행해야 하는 것은 당연히 정부라고 생각한다는 것을 암시한다.

이러한 사고방식은 가습기 살균제 참사를 보도하는 경우에만 해당하는 것이 아니다. 일반적으로 사람들은 국가를 은유적으로 가정이라 이해하고, 자신들을 자녀에 비유하며, 정부나 정부의 수장을 자신들의 부모로 여겨 국가(정부)가 자신들을 보호해줄 것으로 기대한다. 이러한 은유적 이해에서 고국은 집에, 국민은 형제자매에, 정부(나 정부의 수장)는 부모에 대응한다. 그렇다면 가습기 살균제의 제조와 판매, 피해자 발생 과정에서 대한민국 정부는 과연 가장으로서 자녀들인 국민들을 안전하게 보호해왔는가?

　이 참사와 관련해서 정부를 바라보는 방식은 크게 두 가지로 갈린다. 하나는 피해자들이나 피해자들에게 공감을 하는 일반 국민 대다수의 이해 방식이고, 다른 하나는 정부 관계자들의 이해 방식이다. 다음은 피해자들이 방송사 프로그램의 인터뷰에서 정부의 태도에 대해 분노를 터뜨리는 발화의 일부이다.

- 사실 제가 (가습기 살균제 피해자로서) 인터뷰도 많이 거부를 했었는데요. 할 때마다 그때 상황을 떠올려야 되고…… 함께 (가습기 살균제로부터) 아이를 지켜주지 못해서…… 너무 답답하고 힘든데…… 누구도 정부에서 미안하다 사과한다는 말 한마디 없었어요.
- 정부에 물어보면 기업과 싸우라고 한다. 정부가 중재나 해결하려는 의지가 있는 게 아니라 골치 아프니 피해자와 가해 기업끼리 해결하라는 식이다.
- 3년간 무엇을 했는데요? 기획재정부가 나라 예산 아끼자는 것 백번 인정해요. 저희 떼돈 벌려고 나온 것 아니에요. 저희 아파트 값 떨어진다고 나온 것 아니잖아요. 억울하게 죽었잖아요. 127명…… 저렇게 귀여운 애가 산소마스크 쓰고 가잖아요. 누가 팔자 고치재요? 제 딸 목숨 팔아서?

[국가는 가정] 은유에 따라 사고하고 행동하는 국민들은 당연히 정부를 자신들의 안전을 지켜주는 부모로 인식한다. 피해자들은 자신들을 보호해야 할 부모 역할을 제대로 수행하지 못한 정부가 피해 발생 후에도 여전히 자신들을 보호하지 않으려 하는 데에 분노한다. 더 나아가 자녀들의 죽음 앞에서 절규하

[국가는 가정]
|
[국가(정부)는 부모]
[국민은 자녀]
|
국가(정부)는
국민을 위험으로부터
보호할 책임이 있다.

는 부모들에게 공감하기는커녕 자신들을 생떼나 쓰는 사람들로 여기는 정부의 태도에 그들은 절망한다. 국민들이 기대하는 [정부는 보호자]인데 그들이 마주하는 현실에서는 [정부는 방관자]여서, 기대와 현실이 충돌하고 있는 것이다. 정부 입장에서 피해자들은 가장으로서 자신이 보호해야 할 가족 구성원이 아닌 것이다. 정부의 이러한 인식은 정부 관계자의 다음 발언을 보면 분명히 드러난다.

- 가습기 살균제로 인한 피해는 제조업체와 개인 간의 문제로서 국가의 직접 개입은 부적절
- 특별법 제정으로 인한 피해 및 구제까지 특별법으로 규율한 것은 국가의 과잉 개입

이 발화는 2013년에 발의된 '가습기 살균제의 흡입 독성 화학물

질에 의한 피해 구제에 관한 법률안'에 대해 기획재정부가 제시한 검토 의견의 일부이다. 피해자들의 지원 요청을 외면하고 한발 물러서서 상황을 관망하고자 하는 국가(정부)의 입장이 이 의견에 명확히 드러나 있다. 정부의 이러한 태도는 부모로서 자녀(피해자)들을 보호해야 할 자신의 역할 수행을 거부하는 것이다. 이것은 정부가 [국가는 가정] 은유를 거부한다는 것을 의미한다. 그 대신에 정부는 [국가는 사람] 은유에 따라 사고하고 행동하며, 국가도 단지 한 개인에 불과하다는 입장을 취한다. 이 은유에 따르면, 국가는 가정이 아니고 단지 한 개인이므로 정부는 국민들을 가족 구성원으로 둔 부모일 수 없다. 따라서 정부는 살인자로 개념화되는 가습기 살균제라는 독성 물질을 제조하고 역시 사람으로 개념화되는 기업이나 피해를 입은 당사자(의 식구)와는 다른 제3자로서 방관자적인 태도를 취할 수 있다.

국민의 아픔을 외면하는 국가란 무엇인가

피해자들이 가습기 살균제 제조사에 책임을 묻는 근거는 [결과가 원인을 대신함]이라는 개념적 환유이다. 그들은 자신들의 폐 손상이 다른 원인이 아니라 독성 물질인 가습기 살균제의 사용에서

비롯했다고 주장한다. 흥미롭게도, 이 독성 물질을 제조하여 판매
한 기업(옥시, 애경, 세퓨, 홈플러스, 롯데마트, 이마트 등)이 책임을 회피하
기 위해 펼치는 주장 역시 [결과가 원인을 대신함]이라는 환유적 추
론에 근거한다. 또한 가습기 살균제의 제조와 판매를 허용한 정부
도 자신에게 돌아오는 책임을 피하기 위해 이러한 환유적 추론을
제시한다.

- 질병관리본부는 원인 미상 폐 손상 발생 원인에 대한 중간 조
  사 결과 가습기 살균제가 위험 요인으로 추정된다고 밝혔
  다.(2011년 8월 31일 질병관리본부)
- 폐 질환과 가습기 살균제 간 인과관계가 아직 명확하지 않으
  며, 국가 책임과 관련해서는 소송이 계속 진행 중인 상황임을
  감안 시 법 제정은 시기상조(2013년 민주당이 제출한 '가습기 살균
  제 피해자 구제 법안'에 대한 기획재정부 검토 의견)
- '옥시 가습기 살균제와 폐 질환 사이에 인과관계가 명확하지
  않다'는 한국 정부의 주장은 잘못(2014년 옥시 변호인단)

  피해자들의 주장과 정부나 제조 기업의 주장은 동일한 개념적 환
유에 근거하지만 내용을 들여다보면 차이가 있다. 피해자들은 원인
과 결과 사이의 명확한 관련성을 전제로 주장을 펼치는 반면, 정부

는 둘 사이의 관련성이 모호하다는 입장을 취하고 제조업체는 관련성을 전면적으로 부인하는 태도를 취한다는 점이 다르다.

자기가 살균제를 가습기에 넣은 탓에 어린 자녀가 죽었다고 절규하면서 적절한 보상과 치료비 지원을 주장하는 피해자들의 요구를 인과관계의 불명확을 이유로 외면하는 기업과 정부의 태도를 보면서 깊은 은유적 상념에 젖는다. [기업의 무한 이익 추구]는 과연 [선]인가. 고통받는 선량한 국민들의 아픔에 공감하지 않는 [정부]는 진정 우리가 원하는 [보호자]인가.

책임 회피의 파노라마,
세월호 참사

 　2014년, 세월호 침몰 사고는 304명의 목숨을 앗아가버렸다. 사고가 알려진 직후, 방송사들은 사고 현장의 상황을 생중계하며 탑승객들이 살아 돌아오기를 바라는 온 국민의 관심을 대변했다. 그리고 언론에서는 사고의 원인과 책임에 관하여 다양한 관점을 담은 수많은 기사를 내보냈으며, 한국 사회에서 대형 사고가 반복되는 이유에 대해 그 나름대로 분석을 내놓는 것도 잊지 않았다.

 　사고 직후에는 대부분의 언론 보도가 희생자들을 애도하고 희생자 가족의 아픔에 온전히 공감하려 애쓰는 모습을 보여주었다. 하지만 얼마 지나지 않아 "불순한 세력", "누가 (세월호를) 정쟁에 이용하는가", "지금이 정치 다툼할 때인가", "(박근혜) 대통령의 눈물", "볼모 정치", "적폐와의 전쟁", "민생", "경제까지 우울증 걸리게 해서는 안 된다", "경제: 중진국 함정 대 선진국 도약" 같은 표현이 언론 보도에 등장했다. 그리고 다시 얼마 후에는 진실 규명을 주장하는 희생자 유가족들을 "희생당한 자식을 이용해서 많은 보상을 받으려는 부도덕한 사람들"이라고 비난하는 표현(예: 거액 보상금, 황제 단식, 시체 장사, 시체 팔이 등)까지 등장하게 된다.

이 표현들은 세월호 참사에 대한 관심의 초점이 희생자와 유가족들에 대한 온전한 공감에서 어딘가 다른 곳으로 옮겨가고 있음을 보여주는 증표였다. 참사에 대한 이러한 인식 변화는 어떻게 이루어졌는가?

참사의 원인을 이해하는 두 방식

어떤 사건이나 현상의 원인을 이해하는 방식은 두 가지이다. 하나는 직접적 인과관계를 살펴보는 것이고, 다른 하나는 유기적 인과관계를 고려하는 것이다. 진보주의자들은 사회적·생태적·경제적 체계 안에서 유기적 인과관계를 바탕으로 주장을 펼치는 반면, 보수주의자들은 직접적 인과관계를 바탕으로 주장을 펼친다. 세월호 참사에 관한 한국 언론의 기사들에서 진보와 보수의 이러한 인식 차이를 다시 한 번 분명히 확인할 수 있다.

사고 초기에는 모든 신문과 방송이 현장 상황 전달에 주력했다. 그런데 상황 전달 방식의 보도에서도 진보 성향 신문과 보수 성향 신문이 사용하는 '프레임(사건을 보는 주된 관점)'은 서로 달랐다. 사고 다음 날 보수 성향의 《매일경제》와 《동아일보》에 실린 "이준석 세월호 선장, 구조된 직후 젖은 지폐를 말리다니?"라는 제목의 기사에서는 침몰 사고의 직접적 원인이 다른 무엇보다도 부도덕한 선장에게 있다는 점을 자연스레 부각했다. 사건 발생 며칠 후 보수 신문과 진보 신문의 프레임이 더 뚜렷이 갈렸다. 《조선일보》가 '사이비 종교(개신교 구원파)와 교주(유병언) 비리' 프레임을 전면에 내세우기 시작한 반면, 《한겨레》는 '정부 책임론' 프레임을 부각했다.

《조선일보》는 "세월호 구조 비용 '청해진 일가'가 모두 물어내게 해야"라는 4월 26일 자 사설로 포문을 열었다. 자매 방송인 TV조선은 '이용욱 해경 정보수사국장이 특채되기 전 세모 직원이자 구원파 신도였다'는 사실을 보도했다. 또 유병언의 최측근이었던 이청이라는 인물을 등장시켜 구원파와 관련된 의혹을 제기함으로써 국민의 분노를 상당 부분 유병언과 청해진해운 쪽으로 돌렸다. 그 반면에, 진보 성향의 《한겨레》와 《경향신문》은 정부 책임론을 유지하는 데 전력을 기울였다.

세월호 참사와 같은 '대형 참사'는 단순히 한 가지 유형의 원인을 지닌 것으로 개념화기 어려운 일종의 복잡계이다. 그런데 보수 성향의 언론은 사고의 원인을 단 한 사람의 행위자나 행위자 집단에 돌리는 식으로 직접적 인과관계를 통해 개념화하려는 경향을 보였다.(날짜만을 명시한 이하의 예문들은 모두 《동아일보》의 2014년 기사와 사설에서 따온 것이다.)

- 세월호 참사는 승객의 안전보다는 돈벌이에 급급한 청해진해운의 탐욕이 직접적 원인이라고 봐야 한다.(5.8.)
- 비행기 사고나 선박 사고, 전장에서의 사고는 그 규모에 상관없이 한두 사람의 실수, 물론 치명적인 실수에 의해 일어나기도 한다. 비행기, 선박, 전쟁 등과 같이 보통 최종 결정권이 한 사람에게 집중된 특수 상황에서는 그 결정권자의 실수가 결과에 엄청난 영향력을 미친다.(《신동아》 2014년 6월호, 〈누가 언제 어떻게 해야 믿어줄까: 선택의 심리학, 사과하기 어려운 사회〉에서)

이러한 글을 읽는 독자는 한두 사람이나 행위 집단의 책임에서 참사의 원인을 찾는 직접적 인과관계를 통해 이 사건을 이해하게 될 가능성이 크다. 세월호 참사를 직접적 인과관계를 통해 인식하는 태도는 2014년 5월 19일 박근혜 당시 대통령의 대국민 담화문에서도 확인할 수 있다.

- 국민 여러분, 이번 사고의 직접적인 원인은 <u>선장과 일부 승무원들의 직무 유기</u>와 <u>업체의 무리한 증축과 과적</u> 등 비정상적인 사익 추구였습니다. …… 17년 전, 3천억 원에 가까운 부도를 낸 기업이 회생 절차를 악용하여 2천억 원에 이르는 부채를 탕감받고, 헐값에 원래 주인에게 되팔려서 탐욕적인 이익만 추구하다 이번 참사를 내고 말았습니다.

무엇을 위한, 누구와의 전쟁인가

같은 담화문에서 박근혜 대통령은 '공무원의 무사안일', '끼리끼리 문화', '민관 유착' 등을 수십 년간 쌓여온 고질적인 병폐로 규정하면서 '척결', '해체', '끊다' 등의 표현을 사용하여 적폐에 강력하게 대처하겠다는 의지를 피력했다. 하지만 '전쟁'이라는 표현이나 '전쟁 프레임'이 대통령의 담화문에 명시적으로 등장하지는 않았다.

- 저는 이런 구조적인 문제를 그냥 놔두고는 앞으로도 또 다른 대형 사고를 막을 수 없다고 판단했습니다. 그래서 고심 끝에 해경

을 해체하기로 결론을 내렸습니다. …… 이번 사고는 오랫동안 쌓아온 우리 사회 전반에 퍼져 있는 '끼리끼리 문화'와 '민관 유착'이라는 비정상의 관행이 얼마나 큰 재앙을 불러올 수 있는지를 보여주고 있습니다. …… 선박 안전을 관리·감독해야 할 정부와 감독 대상인 해운사들 간에 이런 '유착 관계'가…… 우리 사회 전반에 수십 년간 쌓이고 지속되어온 고질적인 병폐입니다. …… 국민의 생명을 담보로 끼리끼리 서로 봐주고, 눈감아주는 민관 유착의 고리를 반드시 끊어내겠습니다.

'전쟁 프레임'을 명시적으로 부각하고 효율적으로 전파한 것은 보수 언론이었다. 이 점은 보수 신문에 실린 "적폐와의 전쟁"이라는 제목의 기사에서 분명히 알 수 있다. 이 기사에 나오는 '전쟁', '공격의 칼날', '숨기다', '패하다', '승리', '위력', '척결' 등의 표현은 모두 우리 마음속에 '전쟁'에 관한 지식과 영상을 떠오르게 한다. 하지만 이 표현들은 문자 그대로 다른 나라와의 전쟁을 가리키는 것이 아니라, 우리 사회 내부에 만연한 병폐를 제거하기 위한 강력한 조치의 실행을 묘사한다.

• 적폐와의 전쟁: 19일 박근혜 대통령의 대국민 담화는 한마디로 '적폐'를 향한 전쟁 선포였다. …… 이처럼 '적폐'의 생명력은 끈

질기다. 어지간한 공격에 좀처럼 흔들리지 않는다. 공격의 칼날이 무뎌질 때까지 잠시 동안 몸을 숨길 뿐이다. 그동안 여러 정부가 수많은 불법·비리와의 전쟁에서 번번이 패한 이유이기도 하다. 박근혜 정부가 적폐와의 전쟁에서 승리하려면 앞서 치러진 범죄와의 전쟁 등을 반면교사로 삼아야 한다. 박 대통령은 세월호 참사를 통해 적폐의 위력을 절감했을 것이다. 이를 해결하지 않고서는 '4대악 척결', '안전한 대한민국' 같은 공약도 공염불에 그칠 수밖에 없다. 적폐와의 전쟁에서 또다시 무릎 꿇지 않으려면 대통령의 말대로 '명운(命運)'을 걸어야 한다.(5. 20.)

'전쟁' 프레임에는 아군, 적군, 전쟁 무기, 총사령관 등의 의미 역할이 있고 적군의 침략과 아군의 피해, 아군의 반격과 응징이라는 사건이 있다. 앞의 기사는 '적폐'에 '전쟁'을 더함으로써, 대통령의 담화문을 전쟁 선포문으로 만든다. 그 결과 [적폐는 적의 침략]이라는 은유와 수많은 하위 은유적 대응이 생겨난다. 적폐를 만들어내는 사람은 적이고, 적폐의 피해자들은 전쟁에서 살상을 당하는 국민들이며, 무사안일하고 복지부동하는 부도덕한 공무원들과 그들에게 뇌물을 주고 부당한 이익을 탐하는 기업(인)들은 침략자들이다. 전쟁이 일어나면 군인들은 물론이고 수많은 선한 시민들까지 살상을 당하듯이, 적폐가 쌓이면 국민들의 삶과 생명이 위협을 받

[적폐는 적의 침략]
+
'전쟁' 프레임
│
적폐와의 전쟁
│
공포심 조장
│
진실 규명 요구 억압

는다. 따라서 적폐를 완전히 제거하는 정치 지도자는 당연히 승전을 지휘한 사령관처럼 영웅이 된다.

단순히 전쟁 중이라는 사실만으로도 사람들은 두려움을 느낀다. 따라서 '적폐와의 전쟁' 프레임은 사람들의 마음속에 커다란 불안과 공포심을 심어주기 때문에 그 자체로 매우 강력하며, 반복을 통해 영구적으로 지속될 수 있다. 공포심이 바로 '전쟁' 프레임의 전략적 강점이다. 절차적 정당성이 아니라 승리가 가장 중요한 전쟁에서는 적은 당연히 쏘아 죽일 수 있다. 전쟁을 수행 중인 대통령은 승리를 위해 총사령관으로서 통제받지 않는 방대한 권한을 부여받는다. '적폐'를 '침략'으로 규정한 '(적폐와의) 전쟁'에서 박근혜 대통령은 단 한마디의 말로 해양경찰청을 해체할 수 있었고, 더 나아가 세월호 침몰 사고의 진실 규명을 요구하는 국민들을 철저히 외면할 수 있었다.

책임 회피를 위한 악당 만들기

　보수 언론은 자신들의 입장을 전파하기 위해 전쟁 프레임을 적극적으로 활용했으며, 이에 더하여 전쟁 프레임과 관련성이 있는 '선악' 프레임까지 동원했다. 선악 프레임에는 선한 사람과 악한 사람의 의미 역할이 있으며, 선한 사람들은 당연히 선한 행위를 하고 악한 사람들은 악행으로 선한 사람들을 괴롭힌다. 보수 언론은 국정을 운영하는 정부 관계자들에게 감정이입을 하며, 그들에게 책임을 추궁하려는 야당과 진보적 시민단체들을 더 심하게 사회 불안과 혼란을 조성하려 드는 '나쁜 사람들'로 규정한다.

　다음의 사설 제목 중 "국정 발목 잡은 야당"이라는 표현은 여행 은유, 즉 [(국정) 운영은 여행]과 관련이 있다. 타인의 발목을 잡아 전진을 방해하는 사람은 나쁜 사람이다. 따라서 국정의 발목을 잡는 '야당'은 여행의 장애물이며 나쁜 존재가 된다. "정치권의 대립이 국정의 발목을 잡는 악순환"이라는 표현에서 장애물에 해당하는 '정치권'이 얼핏 여당과 야당을 둘 다 가리키는 것처럼 보이지만, 사실은 환유적으로 정치권의 일부인 '야당'만을 지칭한다. 여당은 국정의 동반자로서, 발목을 잡는

> [(국정) 운영은 여행]
> +
> '선악' 프레임
> |
> 여행의 장애물은
> 나쁜 존재
> |
> 정부 책임 묻는
> 야당, 진보 시민단체,
> 유가족 악당 만들기

행위를 할 필요가 없기 때문이다.

- [사설] 국정 발목 잡은 야당이 '무책임한 총리' 탓할 자격 있나 (4. 28.)
- 박 대통령이 천명한 국가 개조를 위해서는 야당한테도 더 가까이 다가가고 적극적으로 소통할 필요가 있다. 정치권의 대립이 국정의 발목을 잡는 악순환이 반복되다간 집권 2년차의 가장 중요한 순간을 날려버릴 수 있다.(6. 5.)

보수 언론은 세월호 참사의 진상을 조사하기 위한 특별법 제정에 대해 정치인들이 이견을 보이며 대립하는 것을 두고, 비극적인 사건을 정략적 이익 추구에 이용하며 정쟁(정치 다툼)을 일삼는 몰염치한 집단이라고 정치인을 규정하고 있다. 문자 그대로 해석하면 여당과 야당의 모든 정치인을 비판하는 것 같지만, 실은 대통령의 뜻을 충실히 섬기고자 하는 여당보다는 야당 쪽에 비난의 화살을 겨누고 있다.

- [사설] 지금이 '세월호 국정조사' 놓고 정치 다툼 할 때인가(5. 8.)
- [사설] 여야, 세월호는 팽개치고 벌써 7·30 재보선만 생각하나 (6. 17.)

• [사설] 일정조차 타협 못 하는 세월호 특위 부끄러운 줄 알라(6.
24.)

더 나아가 보수 언론의 사설은 세월호 침몰 사고의 진실 규명을
요구하며 시위를 하는, 이른바 '좌파' 성향의 사람들을 폭력이나 행
사하고 국가의 법질서를 훼손하는 '악한 사람들'로 규정하고 있다.
이 사설의 제목은 [부분이 전체를 대신함]이라는 개념적 환유를 절
묘하게 활용하고 있다. 시위 과정에서 실제로 폭력을 행사한 사람
이 일부 있을 수 있겠지만, "폭력 시위꾼"이라는 어구는 독자들에게
'시위 참가자들은 모두 다 폭력적'이라는 인상을 심어주고 있다. 이
때 거의 대부분이 폭력을 행사하지 않는다는 사실은 별로 중요하지
않다. 그러한 인상을 심어주기만 하면, 이 사설은 목적을 달성한 것
이기 때문이다.

• [사설] 폭력 시위꾼의 통굽 구두에 맞아 찢겨나간 공권력: 지난
달 31일 오후 6시 서울 청계광장에서 이른바 '세월호 참사 국민
대책회의'가 주최한 촛불집회에 3000여 명이 참석했다. 참여
연대 민노총 전교조 등 좌파 성향 단체들이 주최한 집회였다.
…… 종로경찰서 43기동대 소속의 윤호 경장은 40대 여성 시
위자가 휘두른 검은색 통굽 구두에 맞아 왼쪽 머리가 찢겨져

병원에서 12바늘이나 꿰맸다.(6. 3.)

이 '선악' 프레임의 덫으로 인해, 세월호 사건의 진상 규명을 요구하는 야당과 진보적 성향의 시민단체들은 정부의 정상적인 수습 활동을 방해하는 '나쁜 사람들'이 되고 폭력이나 일삼는 사악한 '폭력배들'이 되었으며, 유가족들은 자식의 죽음을 이용해 거액의 돈을 손에 넣으려는 '탐욕스런 악당들'로 내몰리게 되었다.

우울증 걸린 한국 경제?

세월호 참사에 관한 특별법 제정 논란 과정에서 정부와 보수 언론이 전략적으로 활용한 또 하나의 프레임은 '경제' 프레임이다. 세월호 침몰 사고가 발생하고 2주가 지난 뒤, 한 보수 신문은 경제를 총괄하는 부총리에게 세월호 트라우마로 인해 "경제까지 우울증 걸리게 해서는 안 된다"고 촉구하는 사설을 실었다. 이 사설의 핵심은 세월호 참사에 국민의 모든 관심이 쏠리고 있다 하더라도 정부(특히 경제 관련 부처)는 경제

[경제는 사람]
|
세월호 참사의 충격
|
"한국 경제의 우울증"
|
경제 활성화 위해
규제 완화 또는 철폐해야

활동 지원과 경제 혁신 계획, 규제 개혁을 제대로 추진해야 한다는 주장이다. 또 경제활동의 위축이 서민의 삶을 가장 어렵게 만들기 때문이라고 언급함으로써, 자신이 서민들에게 감정이입을 하고 있다는 인상을 전달하고 있다.

- [사설] 현오석 부총리, 경제까지 우울증 걸리게 해선 안 된다: 세월호 참사로 온 나라가 충격에 휩싸이면서 경제활동이 위축되는 현상이 곳곳에서 나타나고 있다. …… 세월호 참사에 모든 관심이 쏠리면서…… 박근혜 정부가 역점 과제로 마련했던 경제 혁신 3개년 계획과 규제 개혁 추진 움직임도 동력이 한풀 꺾였다. …… 경제활동이 지나치게 위축되면 서민의 삶을 가장 어렵게 만든다.(5. 1.)

이후에도 이 신문은, 세월호 침몰 사고 여파로 우리나라 경제가 우울증에 걸려 있고 서민들이 고통을 받고 있으니 이제 그 여파에서 빨리 벗어나 평상으로 돌아가야 한다는 논조의 사설과 시론, 특별 기고를 여러 차례 실었다. 이러한 글의 커다란 영향력은 경제 프레임과 관련된 은유들 ─ [경제는 사람], [규제는 악당], [규제 완화는 선], [규제 개혁자는 영웅], [규제 강화 주창자는 악당] ─ 에서 나온다.

- [사설] 소비와 서비스업 활성화로 '세월호 충격' 극복해야(5.31.)
- [시론/유○○] 이젠 평상으로 돌아가야 할 시간(6.2.)
- [사설] '세월호 우울증' 벗어나 정상적인 경제활동으로 돌아갈 때: 세월호 참사 이후 두 달 가까운 시간이 흘렀지만 한국 경제의 '우울증'은 여전히 진행형이다.(6.9.)

　개념적 은유 [경제는 사람]의 언어적 발현 사례인 '한국 경제의 우울증'이라는 어구는 우울증에 걸린 어떤 사람(즉, 경제)의 치유를 긴급히 적극적으로 지원해야 한다는 것을 암시한다. 왜냐하면 우울증을 앓는 사람은 비정상적이며 자신은 물론이고 주변 사람들에게까지 피해를 줄 가능성이 크다고 여겨지기 때문이다. 따라서 이 어구는 경제 활성화를 저해하는 어떤 요인이든지 해로운 존재로 규정하는 힘을 지니고 있다. '평상으로 돌아가야 할 시간'이라는 어구는 세월호 참사의 진상 규명에 대해 정부가 제시하는 것과 다른 방식을 강하게 주장하는 사람들을 평상보다 특별 상황(예컨대, 전시와 같은 '혼란 상황')을 좋아하는 사람들로 만들어버린다.

　[경제는 사람] 은유를 동원한 이 '경제' 프레임은 완화나 철폐를 뜻하는 규제 개혁을 통한 경제 활성화가 모든 국민에게 유익하다는 주장으로 실재를 왜곡한다. [규제 개혁은 선]이고 [규제 강화는 악]이며, [규제를 철폐하는 사람은 영웅]이 되고 [규제를 강화하는 사

람은 악당]이 된다. 그 반면에 이 프레임은 규제 철폐나 규제 완화가 대기업에 훨씬 유익하며 서민이나 중소기업의 생존에 더 큰 어려움을 초래한다는 측면은 은폐하고 있다.

'썩은 사과'만 골라내면?

보수주의자들이 자기주장을 설파하거나 책임을 은폐하기 위해 자주 사용하는 또 다른 프레임은 '썩은 사과' 프레임이다. 이 프레임의 핵심은 "광주리 안의 어떤 사과가 썩으면 그 사과는 버려야 한다. 그러지 않으면 광주리의 사과 전체가 썩게 된다"는 것이다. 이에 따르면, 광주리의 나머지 사과에는 아무런 잘못이 없고, 사과를 광주리에 보관한다는 생각 그 자체에도 아무런 잘못이 없는 것이다. 비난을 받아 마땅한 것은 바로 그 썩은 사과 하나이기 때문이다.

이 '썩은 사과' 프레임은 정치에서 자주 사용되는데, 그 필요성에 대한 인식은 이렇다. "조직에는 불법적이거나 비도덕적이거나 적어도 지저분한 체계적 관행이 있는데, 만일 이 관행이 대중에게 널리 알려진다면, 조직의 명성이 커다란 타격을 받고 조직 내 고위 간부의 정치 생명이 위협을 받게 될 터이다." 레이코프에 따르면, 정치인들이 '썩은 사과' 프레임을 사용하는 목적은 조직 자체와 조직의 활동 양식을 보호하는 것, 그리고 조직 내의 다른 모든 사람이 비난받는 상황을 피하는 것이다. 그러면 조직이 회복되어 예전처럼 활동을 계속할 수 있기 때문이다.

세월호 침몰 사고와 관련하여 작성한 다음의 사설과 칼럼 제목은 '썩은 사과' 프레임을 적절히 활용하고 있다.

> 조직 보호의 필요성
> +
> '썩은 사과' 프레임
> ㅣ
> 잘못은
> '썩은 사과'에 있다
> ㅣ
> '썩은 사과'만 제거하면
> 만사형통

- [사설] 국가 책임으로 드러나는 해경의 '세월호 직무유기'(7. 1.)
- [사설] 직업윤리도, 인간의 도리도 저버린 세월호 선장과 선원들
- [사설] 무능한 '철밥통' 공무원을 어떻게 퇴출시킬 것인가
- [김 ○○ 칼럼] 대통령 눈과 귀 막는 참모부터 해임하라(4. 21.)

여기에서 무책임하고 무능한 해경, 부도덕의 표상인 세월호 선장과 선원들, 복지부동 공무원, 진실하지 않은 참모들이 바로 '썩은 사과'이다. 이들만 제거하면, 우리 사회 자체와 나머지 구성원들인 국민은 원래 선하기 때문에, 한국 사회가 다시 건강을 회복한다는 것이 '썩은 사과' 프레임의 주장이다.

그런데 과연 그러할까? 한국 사회에서 우리의 삶을 지배하고 있

는 현재의 신자유주적인 운용 기조에는 전혀 책임이 없는 것일까? 레이코프는 '썩은 사과' 프레임이 작동하는 이유를 영웅/악당 서사에서 악당이 체제나 제도, 이데올로기가 아니라 사람이기 때문이라는 데에서 찾는다. 어떤 사람을 어떤 범죄로 기소할 수는 있지만 이데올로기나 체제를 어떤 범죄로 기소할 수는 없으며, 체제보다는 사람을 떠올리는 쪽이 더 쉽기 때문이다. 한국 사회에서 사람들이 세월호 참사의 책임을 무한 경쟁과 이윤 극대화를 최고의 가치로 삼고 있는 신자유주의적 정책 기조인 민영화와 연결하는 데 어려움을 겪는 이유도 바로 여기에 있다고 볼 수 있다.

진실 보여줄 대안 프레임 찾아야

그러면 어떻게 해야 이러한 경향을 바꿀 수 있으며, 체계나 이데올로기, 제도라는 악당에 대해 사람들이 이해할 수 있는 방식으로 명시적으로 논의할 수 있을까? 그 방법은 우선 어떤 '썩은 사과' 프레임이 보일 때 그 사실을 명확히 인식한 다음, 진실을 보여주는 대안 프레임을 제시하는 것이다. 따라서 '세월호' 참사의 원인을 직접적 인과관계에서 찾는 데 그치지 않고 유기적인 인과관계를 찾아 한국 사회의 사회경제적 정책 기조의 핵심인 신자유주의(적인 민영화)에까지 연결하는 프레임을 사용해보아야 한다. 실제로 침몰 사고 직후의 몇몇 보도에서는 이명박 정부가 선박 사용 연한에 대한 규제를 20년에서 30년으로 완화하여 청해진해운이 선령 18년의 세월호를 일본에서 수입하여 사용하고 많은 비정규직 승무원들을 채용할 수 있게 한 신자유주의 정책까지 참사의 원인으로 연결한 바 있다.

- MB 때 '규제 완화' 안 했으면 '세월호 참사' 없었다: 청해진해운이 지난 2012년 당시 선령 18년의 일본 퇴역 여객선을 도입해 세월호로 취항시킬 수 있었던 배경에는…… 이명박 정부가 지난 2009년 해운법 시행규칙을 개정해 20년으로 묶여 있던 여객선 선령 제한을 최대 30년으로 변경한 (규제 완화) 때문이란 주장이…… 노후된 선박은 고장으로 인한 사고의 위험성이 높은 만큼 선령 제한을 지나치게 완화하면 해상 사고의 위험성을 키울 수 있다. 실제로 세월호는 사고 전에도 조타기, 레이더 등의 잦은 고장 등 사고 선박의 기계 결함이 있었던 것으로 알려지고 있다.(《한겨레》, 2014. 4. 18.)

세월호 침몰 사고를 '직접적 인과관계', '전쟁', '선악', '경제', '썩은 사과' 등 다양한 프레임에 넣어 한국의 보수가 부각하고자 한 것은 '우리 사회에 부도덕하고 무능하고 무책임한 일부 사람들이 있고 탐욕스럽고 무책임한 일부 기업들이 있는 반면 대부분의 사람과 대부분의 기업은 다 선하기 때문에, 이 침몰 사고의 책임을 원인 제공자인 그 일부 사람과 기업에 물으면 한국 사회가 원래의 건강한 상태를 곧바로 복원할 수 있다'는 관점이다. 그러면서 보수적인 그들이 은폐하고자 한 것은 '이 사고의 책임은 민영화와 규제 완화, 무한 경쟁과 이윤 극대화를 핵심적 가치로 삼는 신자유주의에 있다'는 관점이었다. '세월호' 참사의 원인을 직접적 인과관계에서만 찾거나 '썩은 사과'에 해당하는 특정한 사람들에게만 책임을 돌리지 말고 그 사람들의 사고를 결정짓고 있는 이념이나 제도에 눈을 돌려야 할 터이다.

끝없는 탐욕과
죽음의 외주화

    2019년 초, 드라마 〈스카이 캐슬〉이 높은 시청률을 유지하며 막을 내렸다. "개천에서 용 난다"라는 속담이 이제는 실현 불가능한 꿈이 되어버린 한국 사회의 현실에서 최상류층 가정이 어떻게 교육을 통해 자신들의 우월한 사회경제적 지위를 자녀들에게 대물림하려 하는지를 들여다보고 싶은 우리의 허망한 호기심이 높은 인기를 이끌어낸 것이 아닐까 싶다. 하지만 언어학자로서 내가 관심을 두었던 대목은 '제목을 "스카이 캐슬"이라 정한 작가의 의도를 시청자들은 어떻게 그리 쉽게 파악하고 드라마의 내용에 공감하며 몰입했을까'였다.

왜 스카이(SKY)인가?

자녀들이 유아기에 접어든 순간부터 부모들 — 특히 부유층의 부모들 — 을 전장으로 내모는 입시 경쟁의 정점에 있는 서울대학교와 고려대학교, 연세대학교는 언제부터인가 '스카이(SKY)' 대학이라 뭉뚱그려 불리기 시작했다. '스카이대'는 각 대학의 첫 글자인 S, K, Y를 따서 만든 두문자어 SKY를 소리 나는 대로 표기한 '스카이'에 '대학교'를 약칭하는 '대'를 결합한 낱말이다. 따라서 두문자어 SKY는 '부분 표현(SKY)'으로 '전체 표현(Seoul National University, Korea University, and Yonsei University)'을 대신하는 '환유'의 사례에 해당한다.

여기서 한 가지 의문이 든다. 입시 경쟁의 정점에 있는 세 대학을 통칭하기 위해 S와 K, Y를 조합할 때, 한국 사람들은 왜 두문자어 SYK(시크), KYS(키스), KSY(크사이), YSK(이스크), YKS(이크스)가 아니라 SKY(스카이)를 선택했을까? 단지 영어에 이미 존재하는 어휘이고 발음하기 가장 편하다는 이유에서 그랬을까? 물론 그것도 이유 중 하나였겠지만, 더 중요한 다른 이유가 있다고 생각한다.

글자 그대로 "밖에 서서 위를 바라볼 때 눈에 들어오는 광활한 공간"을 지칭하는 영어 낱말 sky와 그 한국어 대응어인 '하늘'에 대한 은유적 이해가 훨씬 더 중요한 또 다른 이유라고 본다. 대부분의 문화에서 사람들은 하늘에 초자연적인 절대자인 신이 살고 있으며 선한 사람들이 죽으면 가고 모든 사람이 언제나 행복한 세계인 천국(heaven)이 있다고 믿는다. 천국에서 누릴 수 있는 엄청난 권력과 물질적 풍요, 절대적 지위, 신체적 건강의 영원함을 지금 여기에서도 누리고 싶은 우리의 열망에서 '스카이(SKY)대'는 주조되었고 이 시대의 화자들에게 자연스럽게 수용되었다고 본다. 달리 말하면, 낱말 '스카이대'의 생명력은 '하늘' 프레임―하늘에 대해 우리의 마음속에 깊숙이 자리 잡은 구조화된 일련의 지식과 영상―에 기인한다.

공간적으로 '위'에 있는 하늘에 대한 우리의 믿음과 지식은 행복이나 권력, 건강, 지위, 부유함과 같은 추상적인 개념을 이해하는 데 그대로 투영된다. 먼저, 대립하는 두 감정인 '행복'과 '슬픔'을 어떻게 묘사하는지 살펴보자. 행복하거나 기쁜 느낌을 묘사할 때에는 '뜨다', '들뜨다', '오르다', '끌어올리다', '상승' 등이 사용되는 반면, 슬프거나 우울한 느낌을 묘사할 때에는 '빠지다', '떨어지다', '처지다', '가라앉다', '저하' 등이 사용된다.

- 꼭 그렇진 않았지만 구름 위에 뜬 기분이었어.
- 관중들의 응원이 팀의 사기를 끌어올렸다.
- 햇볕 쬐는 시간이 점차 짧아질수록 우울한 감정에 빠지기 쉬운 것으로 추측하고 있다고

- 비가 내리는 날에는 <u>기분이 가라앉다</u> 보니 몸까지 더 아픈 것 처럼 느껴진다.
- 날씨도 덥고 해서 이래저래 <u>기분이 축 처진다</u>.

공간적인 '위-아래' 개념에 대한 우리의 경험과 지식은 권력의 많고 적음이나 사회적 위계에 대한 이해에 그대로 투영된다. 이것은 문자 그대로의 의미로는 '위-아래' 개념을 묘사하는 낱말들이 비유적으로 사회적 권력이나 위계 관계를 나타내는 데에서 알 수 있다. 명사 '위'나 '아래', '상(上)', '하(下)'는 문자 그대로는 물리적 공간 속 수직축 위의 위치를 지칭하고, 형용사 '높다'와 '낮다'는 물체와 수직축의 한 기준점 사이의 위치 관계를 가리키며, 동사 '오르다'와 '낮다', '기울다'는 물체가 수직축상에서 이동하는 과정이나 그 결과로 나타나는 물체의 위치 변화를 지칭하고, '억지로 내리누르다'의 줄임말에 해당하는 동사 '억누르다'도 의미상 수직축상의 이동을 내포하고 있다. 다음 예문들에서 보듯이, '많은 권력'을 누리고 '엄청난 사회적 지위'를 향유하며 '명령'을 내리고 '통제력'을 행사하는 사람들은 공간적으로 '위'에 있는 것으로 묘사되는 반면, 권력이나 지위도 없고 통제를 받는 사람들은 '아래'에 있는 것으로 묘사된다.

- 인류 역사에는 인민을 탄압하고 <u>억누르던</u> 잔인한 독재자를 반

대해……

- 국정 농단의 핵심 공범인 재벌들은 단죄를 피해 다시금 권력의 정점으로 돌아와 있다.
- 세조, 단종을 폐위하고 권좌에 오르다
- 민심 이반의 가속화로 권력은 이미 대세가 기울었고

감정이나 권력 관계뿐 아니라, '건강 상태'도 공간적인 '위-아래' 개념을 통해 이해한다. 이 경우에도 공간적 '위'와 관련된 의미를 담고 있는 '솟다'나 '일어나다', '최상'은 건강한 상태를 묘사하는 반면, 공간적 '아래'와 관련된 의미를 담고 있는 '눕다'나 '빠지다', '쓰러지다', '굴복하다'는 허약하거나 병에 걸린 상태를 묘사한다.

- 박카스를 한 병 따 마시면 왠지 머리가 잘 돌아가고 힘이 불끈 솟는 기분이 들기 때문
- 박항서 감독이 최상의 건강을 유지하며 지도자 생활을 유지하는 데 지원을 아끼지 않겠다고
- 병상에 누워 있는 상태에서 고발된 CEO…… 심근경색으로 쓰러진 2014년 5월 이후 병상에 누워 있는 지 4년 6개월째
- '구해줘도 뺨 때리고'…… 소방관, 우울증에 빠지다

'경제적 지위가 높다/낮다'라는 말에서 보듯이, 우리는 '부유함'과 '가난함'도 흔히 공간적인 '위-아래' 개념을 통해 이해한다. 대개 가난한 사람들은 '판잣집'이나 '반지하방'에 살고 부자들은 '고대광실'이나 '타워팰리스'에 사는데 '고대광실/타워팰리스'가 '판잣집/반지하방'보다 지면으로부터 더 위에 있다.

공간적 체험
|
[좋음은 위] [나쁨은 아래]
|
[권력/지위/부/
명예/건강/행복은 위]

이러한 경험에 근거해 우리는 '부유함'을 은유적으로 공간적 '위'라고 이해하고 '가난함'을 공간적 '아래'라고 이해한다. 따라서 '오르다'나 '높다', '치솟다', '최고'를 사용해 '부유함'을 묘사하고 '추락하다'나 '나앉다', '고개 숙이다'를 사용해 가난함을 묘사하지, 역으로 묘사하지는 않는다.

- 현재 경제적 지위가 높은 가구의 청년들은 경제적 지위가 낮은 가구의 청년들보다 계층 상승 가능성을 더 높게 점쳤다. 임대 주택 거주자보다 자가 거주자가 자신의 계층이 지금보다 높아질 것이라고 인식했다.
- 아역 배우 출신 사업가, 암호화폐 부자 반열에 오르다
- 긴급 지원 제도는 위기 상황으로 생계가 곤란한 주민이 빈곤층으로 추락하는 것을 막는……

- 높게 치솟은 '타워팰리스'와 고개 숙인 판자촌
- 퇴직금으로 차린 치킨집이 망해 길바닥에 나앉은 유명 신문사 부장
- 빚을 감당 못 해 계층 사다리에서 추락하면서 좌절하는 '위기의 가정들'이 늘어나고 있다.

　분명히 우리는 행복과 권력, 부유함, 건강함을 공간적 '위' 개념을 통해 은유적으로 이해한다. 이러한 은유가 우리의 사고 체계 속에 자리 잡고 있기에 신조어 '스카이대'의 의미를 쉽게 이해할 수 있다. 하지만 이른바 '스카이대'가 한국 사회에서 차지하는 특별한 지위는 이러한 은유적 사고에서 나온 것이 아니다. 더욱이 '스카이대'를 통해 권력과 부, 지위, 건강, 행복, 성공을 거머쥐려는 무한 경쟁의 한국 사회 현실에 대해 은유는 잘못이 없다. 그 책임은 '위'를 향한 우리의 욕망을 끝없이 부추기는 우리 사회의 구조와 이 욕망을 실현하고자 배제와 차별을 아무런 거리낌 없이 지속적으로 행하고 있는 우리의 행태에 있다.

불안은 영혼을 잠식한다

'스카이대'와 함께 입시 경쟁의 현장에서 빈번하게 사용되는 또 하나의 낱말은 '인서울대'이다. 언제부터인가 서울에 있는 대학을 가리키기 위해 '서울 지역 대학'이나 '서울 소재 대학'이라는 어구 대신에 '인서울대'라는 낱말을 사용하기 시작했다. 하도 많은 사람들이 이 두 낱말을 언급하다 보니, 어떤 어린 학생들은 실제로 '인서울대'와 '스카이대'가 있는 줄 안다고 한다.

- 대학수학능력시험을 보는 고3 학생의 10% 내외만이 <u>인서울대</u> 진학이 가능하다는 뉴스를 접할 때마다 중고교 학부모들은 입시의 높은 문턱을 실감하고……
- 학교마다 <u>인서울대</u> 몇 명, 스카이대 몇 명 하는 식으로 실적 경쟁에 나서고 그에 따라 고교 서열이 매겨지다 보니……

'인서울대'는 대한민국의 수도 지역을 뜻하는 고유명사 '서울'을 사이에 두고 영어 전치사 in을 소리 나는 대로 표기한 '인'과, 대학교를 약칭하는 '대(大)'가 앞뒤로 덧붙은 복합어이다. in은 '안'과 '밖', '경계'로 구성되는 영상도식(映像圖式, image schema)인 '그릇'을 참조하여 "대상(들)이 그릇 도식의 경계 안쪽에 있는 비시간적 관계"

를 나타낸다. 낱말 '인서울대'에 특별히 주목하는 것은 바로 이 전치사 in이 내포하고 있는 '배제'와 '차별'의 의미 때문이다.

태어나는 순간부터 우리는 이 '그릇' 영상도식과 관련하여 다양한 경험을 한다. 예를 들자면 자궁, 어머니 품, 집, 방, 침대, 교실, 건물 등 수많은 그릇 안으로 들어가거나 나오고, 그 안에 갇히거나 밖으로 밀려나기도 한다. 끝없이 반복되는 이러한 활동에서 공통으로 발견되는 영상도식적 구조는 '포함(안에 있음)'과 '배제(밖에 있음)', '경계성'의 경험이다. '포함'의 경험은 주로 외부 위협으로부터 안전하게 보호받는 평안의 경험과 관계가 있다. 그 반면에 '배제'의 경험은 위협으로부터 보호받지 못할 가능성이 크다는 불안이나 공포의 경험과 관련이 있다. 가령 혹한의 어느 겨울날 밤에 따뜻한 방 안에 있으면 안전하지만, 길거리―방의 밖―에 있다면 얼어 죽을 위험에 처한다.

공간적인 영역의 '안-밖'과 관련해 느끼는 평안과 보호, 불안과 공포에 대한 경험은 사회생활이나 정치활동, 경제활동과 같은 비공간적 영역의 경험에도 그대로 전이된다. 현재 한국은 정치, 경제, 교육, 문화, 의료, 예술 등 모든 것이 서울에 집중되어 있다. 이러한 현실에서 상당히 많은 서울 '밖'의 사람들이 서울 '안'의 사람들에 비해 더 보호받지 못하고 있으며, 차별과 소외가 점점 더 심화될 것으로 느낀다. 대학 입시를 통해 자녀들만은 서울 '안'으로 들어가길 바라는 서울 '밖' 부모들의 절박한 욕망과, 자녀들이 서울 '밖'으로 밀려나지 않고 그대로 서울의 삶을 누리기를 바라는 서울 '안' 부모들의 여전한 욕망에서 '인서울대'의 빈번한 사용이 비롯했다고 말하면, 나만의 지나친 상상일까?

[삶은 모두의 아름다운 동행]인 세상을 향해

더 안전하고 평안한 삶을 바라는 우리의 욕망을 탓할 수는 없다. 비난받아 마땅한 것은 경계를 지어 '안'과 '밖'으로 나누고는 '안'의 사람들끼리는 결속하고 '밖'의 사람들은 차별하고 소외시키는 배타성이다. 그러면 이 배타성은 어디에서 오는 것일까? 일부는 우리네 개인의 본성에서 나오기도 하겠지만, 대부분은 아주 소수의 사람들이 모든 재화를 독점적으로 향유하는 사회구조에서 기인한다. [경쟁은 절대 선]이고 [경쟁의 승자는 선한 사람]이라는 은유에 따라 무한 경쟁과 승자 독식을 당연시하는 신자유주의 체제는 이 배타성을 부추긴다. 무한 경쟁 체제에서는 경쟁에서 밀리면 모든 것을 다 잃는다는 공포에 사로잡혀 모두가 '중심'에 더 가까이 다가가려 들고, 그럴수록 경계를 중심 더 가까이에 설정해 '안'의 범위를 좁혀야 '안'의 사람들이 계속 승자가 될 가능성이 커지기 때문에 배타성이 강해질 수밖에 없다.

공간적 체험
|
[평안/보호는 (경계) 안]
[불안/위험은 (경계) 밖]
|
경쟁에서 밀려나는 것에 대한
공포심 조장

하지만 '우리'와 '그들'로 나누는 이러한 배타성의 강화는 우리를 일종의 '죄수의 딜레마'에 빠뜨리며 모두를 패자로 만든다. 더 나아가 차별과 소외에 그치지 않고 '밖'의 수많은 '그들'을 죽음으로 내몬다. 실제로 우리는 기업이 최대한의 이익 추구를 위해 위험한 일을 '밖'의 사람들―대부분이 비정규직 노동자들인―에게 맡기는 '위험의 외주화(外注化)'에서 이러한 안타까운 죽음을 일상적으로 목격하고 있다.

[삶은 전쟁]이 아니라 [삶은 모두의 아름다운 동행]이라는 인식을 토대로 모두가 연대할 때에만 깨뜨릴 수 있는 이 배타성은 한국 사회가 해결해야 할 긴급한 과제이다. 안 그러면 누구든 '안'에서 '밖'으로 밀려나 죽을 수도 있기 때문이다. '스카이대'나 '인서울대'라는 신조어가 발붙일 수 없는 세상은 꿈속에나 있을까?

6장
개신교 세계관과 은유

군사 쿠데타 주모자를 '여호수아'라던 조찬 기도회

1980년 어느 여름날 아침에 텔레비전으로 생중계되던 장면이 지금도 기억에 선명하다. 카메라가 정면으로 비추는 한가운데에 전두환 씨가 앉아 있었고 그의 양옆과 맞은편, 그리고 앞쪽으로 사각형 꼴로 놓인 기다란 탁자들 뒤에 왼쪽 가슴에 이름표를 단정하게 단 정장 차림의 사람들이 쭉 앉아 있었다.

지금도 이름만 대면 바로 알 수 있는 스무 명이 넘는 개신교계의 대표 목사들이 '전두환 국가보위비상대책위원회 상임위원장을 위한 조찬 기도회'라는 이름으로 마련한 자리였다. 그들은 전 위원장을 위해 "이 어려운 시기에 막중한 직책을 맡아서 사회 구석구석의 악을 제거하고 정화할 수 있게 해주셔서 감사합니다"라고 기도했고, 모세의 후계자인 "여호수아 장군같이 되라"고 칭송했다. 참으로 충격적인 장면이었다. 고통받고 소외받는 사람들과 함께한다는 목사들이 어떻게, 민주화를 요구하던 시민들을 무참하게 학살한 자를 위해 기도회를 열어 축복할 수 있을까? 더구나 그런 그를 어떻게, 모세에 뒤이어 이스라엘 민족을 가나안 땅에 정착하도록 인도한 위대한 지도자에 비유할 수 있을까? 전두환 씨가 '구석구석의 악을 제거하고 사회를 정화한 여호수아'라면, 민주화를 위해 목숨 걸고 싸웠던 광주 시민들은 사회를 혼란케 하는 악당이란 말인가?

독재 권력과 개신교 보수, 그 유착의 흑역사

그전에도 개신교 주류의 목사들이 민주주의를 파괴했던 이승만의 자유당 정권과 박정희의 유신 정권을 적극 지원했던 행태로 미루어보자면, 이 조찬 기도회의 모습은 사실 별로 놀라울 것이 없었다. 이 부류의 목사들은 1960년 4·19혁명을 촉발한 3·15 부정선거를 앞두고서는 대한예수교장로회의 기관지인 《한국기독공보》에 실린 "대통령에 리승만 박사, 부통령에 이기붕 선생"이라는 광고에서 보듯이 부패한 이승만 정권과 긴밀한 유착 관계를 유지했다. 1961년 박정희 소장이 이끌던 군부가 5·16 군사 쿠데타를 일으켰을 때에는 지지 성명을 내고 미국을 방문해 군사 쿠데타의 불가피성을 설파하고 군사정부에 대한 미국 조야의 지지를 요청했다. 1969년 박정희 정권이 3선 개헌을 시도할 때에는 '3선 개헌 지지와 양심 자유 선언을 위한 기독교 성직자 일동' 명의의 성명서에서 "강력한 영도력을 지닌 지도 체제를 바란다"며 박정희의 장기 집권의 서막을 열어주었으며, 1971년 국회를 강제로 해산했을 때에는 "민족의 운명을 걸고 세계의 주시 속에 벌어지고 있는 10월 유신은 하나님의 축복을 받아 기어이 성공시켜야 하겠다"는 등의 발언으로 유신 독재 체제의 헌정 유린과 민주주의 파괴를 지원했다. 따라서 광주 학살을 자행한 전두환 위원장을 여호수아에 빗대며 축복을 기원하던 조찬 기도회 목사들의 행태는 이러한 일련의 흐름에서 나온 자연스러운 귀결인 것으로 보인다.

그 조찬 기도회의 목소리는 광주민주화운동 40년이 된 지금도 사라지지 않고 이곳저곳에서 들린다. 개신교계의 영향력 있는 일부 목사들은 지금도 심심치 않게 광주 학살에 대해 "신군부 공수부대가 아니라 북한의 특수부대가 시민에게 발포한 것"(이ㅇ윤)이라거나, "5·18은 민주화 운동이 아니라 북한 간첩의 소행"(김ㅇ도)이라거나, "5·18을 계기로 친북 좌파가 확산됐으며 주사파가 운동원의 주류가 됐다"(김ㅇ홍), "5·18은 폭력, 자랑할 것 못 돼"(고ㅇ호)라는 말로 광주 시민들의 마음속 상처를 덧낸다. 심지어 개신교계의 지도적 지위에 있는 어떤 목사(김○환)는 광주 학살 30년이 다 되어가던 해에, 천주교 신자도 개신교 신자도 아닌 전두환 씨가 어떤 연유로 그 교회의 성탄 예배에 갔는지는 모르겠지만, 맨 앞자리에 앉은 그를 '각하'라 칭하며 일으켜 세워 신도들에게 소개하고 꽃다발을 전하며 환영했다. 역시 영향력이 아주 막강한 다른 한 목사(김○환)는 저서에서 "전두환 대통령에 대해서 끝까지 비판하고 나쁘게 말하는 것도 편협한 일"이라는 표현으로 그를 두둔하더니, 얼마 전에는 참회와 반성은커녕 오만과 뻔뻔함으로 많은 국민들의 분노를 자아내고 있는 전두환 씨가 측근들과 함께 12·12 군사 반란 40주년을 자축하는 호사스러운 오찬 자리에 참석해 샥스핀을 함께 나누며 친분을 과시했다.

개신교계 지도급 목사들의 이러한 목소리와 행위는 그들의 마음속에 [광주민주화운동은 국가를 위기로 몰아넣은 폭력적인 난동]이고 [민주화와 정치적 자유를 요구하던 시민들은 사악한 폭도]이며, [이 시민들을 총칼로 무자비하게 살상한 진압 행위는 국가를 폭도들의 난동으로부터 구해낸 선한 영웅적인 행위]이고 [이 진압을 총지휘한 전두환은 위대한 영웅]이라는 은유적 인식이 자리 잡고 있지 않다면 나올 수 없는 것이다.

잊혀가는 기독교계 소수의 저항

학살당한 광주 시민들의 피 냄새가 가시기도 전인 1980년 여름에 전두환을 여호수아에 비유하며 축복하던 그 조찬 기도회의 목사들처럼 한국의 개신교계 인사들이 모두 다 전두환 독재 정권에 협력했던 것은 아니다. 비록 소수이기는 했지만 전두환 씨를 민주화를 가로막는 유신 잔당이자 학살자로 규정하고 그의 독재 권력에 항거했던 개신교인들도 있었다.

한신대에서 신학을 공부하던 류동운은 5·18 광주민주화운동 당시 전남도청에서 끝까지 저항하다 산화했으며, 감리교청년회 회원이던 서강대생 김의기는 광주 항쟁이 무참히 진압당한 지 5일 만에 그 진실을 알리고자 서울 한복판의 6층 건물에서 '동포에게 드리는 글'이라는 유인물을 뿌리며 투신 자결했다. 조찬 기도회의 목사들만큼 유명하지 않아서 그 희생이 널리 알려지지 않았지만, 예배 시간에 광주 항쟁의 진실에 관한 설교를 했다는 이유로 국군보안사령부 부산 분실로 연행되었다가 주검으로 돌아온 목사(임ㅇ윤)도 있었다. 그리고 1987년 6월 항쟁으로 전두환의 독재 정권이 항복할 때까지 [전두환 정권]을 [악의 무리]로 규정하고 천주교의 정의구현사제단과 불교계의 일부 승려들과 함께 기꺼이 투옥과 연행, 탄압을 감내하던 목사와 교회들도 있었다. 이 개신교인들의 저항은 [전두환은 악당]이고 [군부독재 권력은 악의 무리]라는 은유적 인식에서 자연스럽게 나온 행위였다.

'정교분리' 외치며
정치적 행동 앞장서는 이율배반

　독재 권력의 탄압으로 감당하기 힘든 고통에 신음하던 사람들과 심지어 억울하게 죽어가던 사람들을 외면한 채 '국가를 위한 기도회'라는 이름으로 독재 정권을 지원하는 데 주저함이 없었던 대체로 보수적인 목사들은 '정교분리'와 '교회의 정치적 중립'을 주창했다. 당연히 그들은 폭력적인 정권의 인권 유린과 민주주의 파괴를 기독교의 교리에 배치되는 악행으로 규정하고 독재 정권의 불의와 부정에 맞섰던 소수의 진보적인 목사들의 저항을 "순진한 성도들의 양심의 혼란을 일으키는 선동적 행위"라고 거칠게 비난했다. 하지만 내 눈에는 오히려 불의하고 부정한 독재 정권에 협력하면서 '정교분리'와 '교회의 정치적 중립'을 내세웠던 그들의 주장이 지극히 이율배반적인 자가당착으로 보인다. 도대체 어떻게 독재 정권과의 유착은 성서의 가르침에 따라 기도하는 행위인 반면, 독재 정권에 대한 저항은 반성서적인 행위라는 것인지. 그들의 주장은 도무지 이해가 되지 않으며 공허한 자기 합리화로만 들린다.

  민주화 투쟁 과정에서 권력을 위해 기도하며 권력과 밀월 관계를 유지하던 개신교계의 보수적인 목사들은 권위적이지 않은 민주 정부가 들어선 뒤에 갑자기 정부의 정책을 적극적으로 비판하며 정치의 전면에 나섰다. 군사독재 정권 시절 '정교분리'와 '교회의 정치적 중립'이라는 명분을 내세워 일부 진보적인 목사들의 민주화 투쟁을 심하게 비난했던 그들은, 정작 자신들이 왜 그러한 명분을 어기고 정치 행위를 하는지에 대해서는 어떤 타당한 이유도 제시하지 않았다. 단지 '빨갱이' 정권이나 '종북 좌파' 정권, '주사파' 정권으로부터 나라를 지켜야 한다는 말만을 고장 난 축음기처럼 반복했을 뿐이다.

  그들의 정치 투쟁은 노무현 정부 시절에 더욱 두드러졌다. 개신교의 일부 유명 목사들은 신도들에게 반정부 시위 참여를 독려하고 버스로 신도들을 동원하기도 했으며, 성직자 가운을 입은 채 대형 십자가를 앞세우고 행진을 하고, "대한민국이 공산주의 마수에 적화되려는 위기의 순간에 하나님의 손길은 미국을 통해 나타났다"(김ㅇ식)는 식의 기도로 참여정부와 대립각을 세우며 사립학교법 개정이나 국가보안법 폐지에 반대했다. 2007년 대통령 선거를 앞둔 시점에는 "친북·반미·좌파 세력이 정권을 잡지 못하도록 해야 한다. 기왕이면 예수님을 잘 믿는 장로가 (대통령이) 되도록 기도해야 한다"(김ㅇ도)는 식의 발언으로 이명박 후보의 당선을 적극 지원했다. 이러한 행위는 그들의 마음속에 [민주 정부는 종북 좌파]와 [종북 좌파는 악한 마귀]라는 은유적 사고가 깊숙이 자리 잡고 있음을 방증한다.

약자들과 함께하라는 성경 가르침은 어디로?

2014년 4월 세월호 침몰 사고 당시 어떻게 304명의 생명을 그냥 수장시킬 수 있었는지 의문을 제기하며 사고의 근본 원인과 구조 실패에 대한 철저한 진상 규명을 요구하는 유가족들과 국민들에 대해, 이러한 인식을 지닌 목사들은 유가족들의 아픔에 공감하고 위로하기보다 오히려 '너무 소란 피우지 말라'는 식으로 유가족을 비난하는 발언이나 '과거에 매이지 말라'는 식의 공감 없는 발언으로 그들의 상처를 더 깊게 후벼 팠다. 구체적인 예로 "가난한 집 아이들이 수학여행을 경주 불국사로 가면 될 일이지 왜 제주도로 배를 타고 가다 이런 사달이 빚어졌는지 모르겠다. …… 박근혜 대통령이 눈물을 흘릴 때 함께 눈물 흘리지 않는 사람은 모두 다 백정"(조O작 목사)이라는 조롱 섞인 발언은 많은 국민들을 분노케 했고, "(세월호 유가족들이) 국민의 한 사람으로 돌아가 희생자 가족이 아니라, 희망의 가족이 되라. 더 이상 과거에 매여 있어서는 안 된다. 아픈 상처만 곱씹어도 안 된다"(최ㅇ규 목사)라는 공감 부재의 상투적인 발언 역시 유가족의 가슴을 더 아프게 했다. 자녀를 잃은 수백 명의 부모들의 아픔보다 권력자의 어려움에 더 공감하는 태도가 과연 고통받고 소외받는 약자들과 함께하라는 성경의 가르침에 합당한지 모르겠다. 이러한 목사들의 태도는 가정에서 자녀들이 엄격한 아버지의 절대 권위에 도전하는 것이 벌을 받아야 하는 비도덕적인 행위인 것처럼, 은유적 가정(한국)의 가장(박근혜 대통령)에게 참사의 진상을 밝히도록 요구하는 것도 용납할 수 없는 비도덕적인 행위라는 인식에서 나온다.

부정한 권력을 떠받치는 은유들

전두환 씨를 여호수아에 비유하던 목사들의 인식은 2016년 겨울에서 2017년 봄으로 이어지는 기간 동안 수백만의 국민들이 '최순실에 의한 국정 농단'에 분노해 "이게 나라냐?"고 외치며 박근혜 대통령의 퇴진을 요구하고 있을 때 또다시 등장했다. 탄핵 위기에 처한 박근혜 대통령을 아들 압살롬의 반란으로 왕좌에서 쫓겨났다가 복귀한 다윗 왕에 비유하며 탄핵 기각을 소망하던 한 목사(이ㅇ현)의 기도는 [박근혜는 다윗] 은유에서 언어적으로 발현된 표현이다.

이 은유는 [전두환은 여호수아] 은유와 마찬가지로 [지도자는 영웅] 은유의 하위 체계이다.

이러한 은유적 인식은 언어적 표현인 기도로만 발현된 것이 아니라 비언어적인 행위로도 발현되었다. 박근혜 대통령의 탄핵

[지도자는 구원자/영웅]
+
[국가는 가정]
|
지도자(가장)에 대한
순종을 의무화

반대 집회를 주도하던 목사들이 성직자 복장을 하고서 나무로 만든 대형 십자가를 둘러메고 행진하던 장면은 바로 [지도자는 구원자]라는 개념적 은유의 비언어적 발현이었다. 이 장면에서 국정 농단의 진실 규명과 대통령의 탄핵을 요구하는 시민들은 선한 지도자(박근혜)를 괴롭히는 악당들에 대응하고, 탄핵 위기에 몰린 이 지도자는 십자가를 지고 골고다 언덕을 향해 고통스럽게 걸어가던 예수에 대응한다. 따라서 이러한 목사들은 당연히 여전히 탄핵 무효를 외치고 박근혜 전 대통령의 석방을 촉구하고 있다.

그 반면에 촛불 시위로 들어선 문재인 대통령의 정부를 '종북', '주사파', '빨갱이' 정권이라 비난하며 하나님의 뜻에 따라 청와대로 진격해 "주사파를 몰아내고 문재인을 끌어내"야 한다고 선동한다. 이러한 행위는 얼핏 이율배반적으로 보이지만 그들에게는 전혀 문제가 되지 않는다. 그들의 마음속에 대립적인 두 은유—[지도자는 구원자/영웅]과 [종북 좌파는 악당]—가 존재하며, 민주적인 문재인

정부에 대해서는 [종북 좌파는 악당] 은유에 따라 사고하기 때문이
다. 그들의 눈에는 문재인 대통령은 절대로 지도자일 수 없으며 척
결해야 할 악마일 뿐이다.

하지만 촛불 시민의 눈으로 보면, 국정 농단을 초래한 책임자인
박근혜 전 대통령을 선한 피해자로 만들고 진실 규명을 요구하는
시민들을 악당으로 만든다는 점에서 보수적인 목사들의 인식과 행
위는 실재를 정반대로 왜곡하고 있다.

4대강 개발과 동성애,
그리고 은유

　　　　　　　같은 종교의 성직자들과 신자들이 어떻게 동일한
대상인 '전두환'에 대해 정반대의 인식과 행동으로 대립하는지 늘
혼란스러웠다. 개신교계가 세계 내에 존재하는 동일한 대상이나 사
건에 대해 정반대의 인식과 반응을 보이는 경우는 광주 항쟁과 전
두환 씨에 대한 평가만이 아니다. 다른 많은 현상을 두고도 개신교
계는 정반대의 인식을 토대로 대립해왔다. 이러한 현상의 대표적인
경우가 바로 이명박 정부의 '4대강 개발 사업'이다.

4대강 개발, 같은 은유 다른 결론

　2008년 이명박 정부가 애초에 구상했던 한반도 대운하 사업을 국민들의 강력한 반대로 포기하고 한강과 금강, 낙동강, 영산강에서 대규모로 토건 공사를 벌이겠다고 발표했을 때, 한국 개신교계는 '4대강 개발'을 '생명을 살리는 선(善)'이라며 적극 지지한 보수 성향 교단의 인식과 '생명을 파괴하는 악(惡)'으로 규정하고 강력히 비판한 진보 성향 교단의 인식으로 극명하게 갈렸다. 이 균열은 보수 성향 교단들이 모여 있는 한국기독교총연합회 성명서와, 상대적으로 진보적인 성향의 교단이 모여 있는 한국기독교교회협의회의 성명서가 정반대 내용을 담고 있다는 사실에서 쉽게 확인할 수 있다.

　보수적인 개신교계는 '4대강 개발 사업'을 강 생태계의 복구와 물 부족 문제의 해결, 국가 경제의 활성화에 기여하는 '강 살리기'라 칭하며 적극 지지했다. 개신교 보수의 입장은 한국기독교총연합회가 공식적으로 발표한 성명서나 보수적인 개신교 목사들의 설교나 기도, 개인적 발언에서 쉽게 확인할 수 있다. 보수적인 개신교인들은 "부자도 (이명박) 대통령도 다 하나님이 세운 것"이고 "우리 이명박 장로가 4대강을 살리겠다는데 일부 종교 세력이 방해하고 있다"는 식의 주장으로 '4대강 개발'이 바로 인간과 자연의 생명 둘 다를 살리는 일로서 하나님의 계획과 일치한다고 보며, 이 사업에 반대하는 사람들에 대해 사회 갈등을 조장하는 불순한 좌경 세력이라고 비난했다. 따라서 당연히 이들은 4대강의 보를 해체하여 개발 사업 이전의 상태로 강을 되돌리려는 문재인 정부의 결정에 강하게 반발한다.

- 지구촌 곳곳에서 이상 기후와 폭설과 폭우와 가뭄 등 국가적 재난이 발생하여 엄청난 재산과 인명 피해뿐만 아니라 구호와 복구에 수많은 노력과 시간이 소요되는 것을 안타깝게 생각해…… 오염되고 파괴된 생태계가 복원되도록 친환경적으로 추진되어야 한다는 입장에서…… 고질적인 물 문제 해결과 지역(경제) 활성화에 기여할 '4대강 살리기 사업'을 적극 지지한다.(2010. 5. 25. 한국기독교총연합회의 '4대강 사업' 지지 성명에서)
- 하느님은 자연도 사랑하지만 우리 자녀들을 더욱 사랑한다. …… 물 부족 국가에서 우리 노력으로 정화된 물을 얻도록 허락해달라. …… 하느님이 이명박 장로를 대통령으로 세웠다. 부자도 권세자도 다 하느님이 세운 것이다. 그분은 하느님 자녀를 꼬리로 세우지 않는다. 그분은 우리와 함께 있다. …… 우리 국민들이 모두 예수 믿어 잘사는 나라 만들자.(2010. 3. 27. '4대강 개발' 찬성 집회 중 기독시민운동중앙협의회 대표회장 서○식 목사의 설교에서)

- (문재인 정부의) 4대강 보 해체는…… 국가 시설을 파괴하는 일이고 혈세를 낭비하여 대홍수와 대가뭄 등의 재앙을 불러오는 천인공노할 일입니다. …… 재자연화라는 이름하에 파괴해 전근대적인 하천으로 돌려놓으려…… 국민 식수의 대부분을 공급하고 4대강 주변 농민들의 생존권이 걸려 있는 4대강 보…… 4대강 보 해체를 조속히 중단할 것을 촉구합니다.(2019. 4. 25. '4대강 보 해체 저지 범국민연합' 성명서에서)

그 반면에 기독교환경운동연대를 비롯한 진보적인 개신교계는 4대강 개발을 인간의 탐욕에서 비롯한 오만이자 하나님의 창조 질서를 파괴하는 활동으로 규정하고 자연과 인간이 더불어 조화롭게 사는 세상을 열어가기 위해 반대 의견을 명확히 표명했다. 진보적인 개신교인들은 창조 세계의 아름다움을 보전해야 할 의무가 있다면서 이 개발 사업을 저지하기 위한 활동에 적극 참여했다. 이러한 인식은 한국기독교교회협의회의 성명서에 분명히 드러나 있다.

- 4대강 (개발)사업은 (한반도)대운하 추진 당시와 마찬가지로 자연 생태계를 희생하고 하나님의 창조 질서를 무너뜨리더라도 강 개발을 통해 대규모 토건 산업의 발전과 관광 사업 진흥을 통해 경제 발전을 이루기 위한 것이라고 보지 않을 수 없다.

…… 자연 생태계는 한번 파괴되면 복구하는 데에 다른 사업에 비해 엄청난 경비와 시간, 희생이 뒤따르게 마련인 점을 감안하여 정부는 4대강 관련 공사를 즉각 중단하여야 한다.(2010. 4. 22. 한국기독교교회협의회 '4대강 사업 반대' 성명에서)

• 모든 생명은 하나님의 것이기에 어떤 생명도 유린해서는 안 된다. 경제 개발이란 미명하에 저질러지는 생명 파괴 행위는 반기독교적인 범죄 행위이다. 자연은 창조 질서에 의해 움직이는 생명의 모체이기에 4대강 정비 사업은 창조주의 권한에 도전하고, 하나님의 섭리에 도전하는 불신앙이다. …… 한국 교회는 4대강 사업을…… 하나님에 대한 도전 행위로 간주하며…… 하나님의 뜻이 생명을 살리고 창조 질서를 보전하는 일에 있음을 확신하고, 4대강 정비 사업 중단을 강력히 촉구한다.(2010. 7. 26. 한국기독교교회협의회 실행위원회 '4대강 사업 중단 촉구' 성명에서)

'4대강 개발'이라는 동일한 현상을 두고 보수와 진보 성향의 개신교계가 상반된 입장을 취하고 있지만, 흥미롭게도 이 사업을 지지하는 개신교계의 보수나 반대하는 진보는 다 같이 '하나님의 창조 질서 보전'을 주장의 근거로 내세우고 있다. 둘 다 자연은 물론이고 자연계의 모든 생명은 하나님의 창조 질서이며 이 창조 질서를 보전하는 것이 바로 하나님의 뜻에 따르는 것이라는 인식을 공유한다. 따라서 보수든 진보든 개신교인들에게 [환경 보전]은 하나님이 기독교인들에게 주신 사명을 다하는 [선한 행위]이고, [환경 파괴]는 그 사명에 반하는 [악한 행위]이다. 은유적으로 [환경 보전은 선]이고 [환경 파괴는 악]이다.

하지만 그들은 무엇이 환경을 보전하는 행위이고 무엇이 환경을 파괴하는 행위인가에 대해 상이한 인식을 가지고 있다. 이 인식 차이는 이명박 정부가 4대강 개발을 속전속결로 밀어붙이던 당시에 4대강이 어떤 상태에 있었는가에 대한 인식과 관련이 있다. 그 당시 4대강이 이미 심각하게 훼손된 상태에 있었다면, 신속한 조치를 취하는 것이 환경을 보전하는 행위일 것이고 그냥 방치하는 것은 환경을 파괴하는 행위일 것이다. 그 반면에 당시 4대강이 그러한 상태에 있지 않았다면, 강에 거대한 보를 설치해 강물의 흐름을 인위적으로 바꾸고 강의 생태계를 파괴해 수많은 생명체들의 서식지를 없애고 강변의 모래와 나무들을 파내고 강변을 시멘트로 뒤덮는 대규모 개발 공사를 벌이는 것은 오히려 환경 보전이 아니라 환경 파괴 행위일 것이다.

개신교 보수는 '4대강 개발' 사업에 대해 "하나님이 주신 자연환경을 잘 보전하고 지키는 것이 모든 사람들에게 복"이 되는 일이라거나 "하나님이 주신 자연환경을 우리 스스로의 생명을 위해서라도 잘 지켜야" 하는 데 필요한 일이라고 말했다. 정말로 4대강 사업을 하지 않았다면 한국기독교총연합회의 성명서에서 암시한 대로 엄청난 재산 피해와 인명 피해, 고질적인 물 부족, 지역 경제의 기나긴 침체로 인해 수많은 국민들이 고통을 겪고 있을까? "지구촌 곳곳의 이상기후와 폭설과 폭우와 가뭄 등의 국가적 재난"과 '4대강 개발' 사이에 그렇게나 긴밀한 상관관계나 직접적인 인과관계가 있었는지 당시에도 믿기지 않았고 지금도 믿을 수 없다. 오히려 그러한 상관관계는 '4대강 개발'이 하나님의 창조 질서를 보전하는 행위라는 주장을 펼치는 데 필요한 명분이었지 실재가 아니었다고 본다. 잘 흐르고 있는 강에다 대규모 공사를 벌인 것은 인간의 경제적인 야욕으로 파헤치고 훼손하는 환경 파괴이자 생명 파괴 행위라는 주장에 더 공감이 간다.

강만이 아니다. 도처에서 개발이라는 이름으로 자연 생태계는 위협을 받고 있다. 가구 수보다 주택 수가 훨씬 더 많은 현재에도 온 산하를 파헤치면서 들어서는 바벨탑 같은 아파트들을 보라. [개발은 선]이라는 은유는 도대체 언제까지 폭주할 것인지. 그냥 지켜만 보고 있어도 될는지.

동성애, '하나님'의 뜻은 무엇인가?

개신교에서 보수와 진보가 극명한 인식의 차이를 보여주는 또 다른 쟁점은 성 소수자─특히 동성애자─의 인권과 시민적 권리를 인정할 것인가의 문제이다. 이 인식 차이는 대립적이 아니라 사실상 일방적이다. 절대적 다수파인 보수적인 개신교인들이 성 소수자들을 향해 혐오와 차별을 조장하고 그들을 공격하며 '성 평등 조례'나 '차별 금지법'에 성적 지향과 관련된 조항을 넣지 못하도록 압력을 행사하고 있다. 또한 보수 교단들이 연합으로 구성한 이단대책위원회는, 시민으로서 성 소수자 권리를 옹호하고 퀴어 문화 축제에 참여했고 퀴어 성경 주석을 번역하고 있다는 이유로 상대적으로 진보적인 다른 교단의 여성 목사(임ㅇ라)에게 소명 자료를 제출하고 이단 심사를 받으라고 통보했다. 또한 어떤 개신교 보수 교단은 "동성애자는 교회의 항존직(장로·권사·집사)과 임시직, 유급 종사자가 될 수 없다"는 조항을 교회 헌법에 새로 넣었다.

- 반동성애 불 지른 목사, "동성애 옹호 목회자 쫓아내야, 전염병 같은 악한 영에 맞서 끝까지 싸울 것": 동성애자와 옹호자의 신학대 입학을 제한하는 안건을 낸 목사는…… (동성애를 옹호하는) 이런 사람들 중에 신학교 교수, 목사도 있다. 온 교회 안에

전염병과 같은 악한 영을 퍼뜨리는 행위를 주의 종들이 해서 되겠는가. 그런 사람들은 안수를 취소시키고, 면직시키고, 강단에 못 서도록 쫓아내야 한다.(《뉴스앤조이》, 2017. 9. 25.)

그 반면에 비록 아주 소수이지만 성 소수자를 교회에서 포용하는 것이 기독교인의 사명이라고 주창하는 목사도 있다. "아래에 인용한 동성애자의 하나님은 다른가요? 21주년 맞은 성 소수자 교회"라는 제목의 기사에서 소개한 성 소수자들이 모이는 교회의 기도문에서 보듯이, 진보 성향의 개신교인들은 어느 누구라도 성 소수자라는 이유만으로 시민으로서 누려야 할 사회적 혜택을 받지 못하고 사회적 제도에서 소외당하는 일이 없어야 한다고 주장한다. 이러한 주장은 어느 누구도 성적 지향과 성 정체성으로 인해 차별과 배제, 멸시, 폭력을 당하지 않는 평등한 세상이 바로 하나님의 뜻에 합당하다고 보는 인식에서 나온다.

• 모든 생명의 어버이 되시는 하나님, 좋은 날 귀한 지체들과 교회로 함께하게 하시니 감사합니다. 여태껏 (성) 소수자로 살아왔고 여전히 상처가 아물지 못했습니다. 수많은 멸시와 차별 앞에 당당히 자신을 드러내며 살아가기 어려운 삶을 살았습니다. …… 다른 이들의 눈빛과 소리에 주눅이 들어 스스로를 부

정하고 자유를 누리지 못하는 삶을 살고 있습니다. …… 자유
와 해방을 담대히 선포하고, 슬퍼하는 자들과 함께 울고 사랑
이 필요한 자리마다 사랑을 전하는 그리스도인이 되길 원합니
다.(《뉴스앤조이》, 2017. 6. 17.)

성 소수자들을 차별하고 배제하는 개신교 보수의 언행에서는 이
방인이라는 이유로 차별받고 소외당하던 사람들에게 감정이입하
며 그들의 고통을 위로했던 예수의 실천적인 사랑과 배려를 찾아볼
수 없다. 성 소수자들에 대한 개신교인들의 혐오는 [동성애는 악마
가 퍼뜨리는 전염병]이고 [동성애자는 쫓아내야 할 악마]라는 은유
적인 인식에서 나오는 귀결이다. 이러한 인식은 "동성애 박멸 동성
애 퇴치, 깨끗한 한국, 할렐루야", "동성애 반대는 대한민국의 당연
한 인권", "동성애의 죄악 하나님의 심판", "피땀 흘려 세운 나라 동
성애로 무너진다", "행복한 가정을 파괴하는 동성애" 등 동성애 반
대 시위에 참여한 개신교인들이 들고 있는 팻말에 적힌 문구에 그
대로 나타난다. 실제로 [동성애자는 전염병 보균자]라는 인식의 팽
배로 인해 대부분의 동성애자들이 교회는 물론이고 가정과 사회에
서 자신의 정체성을 숨긴 채 고통스러운 삶을 살고 있으며 그중 일
부는 '동성애자는 차라리 없는 게 낫다'는 분위기에 억눌려 스스로
목숨을 끊기도 한다.

동성애는 사회를 병들게 하는 전염병이고 동성애자가 사회를 파괴하는 악마라면, 거액의 교회 공금을 유용하거나 횡령한 목사들과, 성추행으로 사회적 물의를 야기한 목사들, 심지어는 젊은 여성 신도를 성폭행한 목사들은 어떻게 이해해야 할까? 동성애가 아니라 그들의 행위야말로 차단하지 않으면 퍼지는 심한 전염병으로 보인다. 하지만 한국의 개신교계는 이러한 '악행'을 강하게 단죄하는 것이 아니라 오히려 묵인하면서 동성애자들을 혐오하는 일에 열을 내고 있다.

한마디로, "(동성애) 차별 금지법이 통과되면 한국 사회는 돌이킬 수 없는 타락의 길로 빠져들 것"이라는 개신교 보수의 주장은 이율배반적으로 들린다. "성 소수자 문제는 사악한 죄라고 단정하기보다 오히려 존엄한 인간으로서의 권리라는 측면에서 바라볼 필요"가 있다는 개신교계 소수의 목소리에 공감이 더 간다고 말한다면, '하나님의 창조 질서'를 파괴하고 있는 것일까?

개신교 세계관은
어디에서 오는가?

       동일한 대상이나 현상에 대해 개신교인들이 보여주는 정반대의 인식은 당연히 성서를 어떻게 해석하는가에서 비롯한다. 그렇다면 성서를 보수적으로 해석하는 개신교인들과 진보적으로 해석하는 개신교인들은 근본적으로 어떤 점에서 차이가 나는가? 조지 레이코프는 이 두 해석의 인식 차이가 이상적인 가정이 무엇인지에 대한 두 모형—엄격한 아버지 가정과 자애로운 부모 가정—의 상이한 도덕성에서 비롯한다고 주장한다.

[하나님은 엄격한 아버지] 대
[하나님은 자애로운 부모]

'엄격한 아버지' 가정에서는 강력한 힘을 지닌 아버지가 세상의 위험으로부터 가정을 보호하고 자녀 양육에 대한 모든 것을 결정하는 절대 권위를 지닌다. 아버지의 강력한 권위에는 자녀는 물론이고 어머니도 도전할 수 없다. 이 권위에 순종하면 상을 받고 불순종하면 벌을 받는다. 따라서 순종은 도덕적이고 불순종은 비도덕적이다. 그 반면에 '자애로운 부모' 가정에서는 자녀의 도덕적 성장을 부와 모가 똑같이 책임지고 자녀들을 자애로운 사랑으로 보살피며, 그들의 다른 의견을 경청하고 최종적인 결정을 그들에게 맡긴다. 자녀들은 자애로운 보살핌에 대한 보답으로 부모를 존중하고 부모에게 순종한다. 따라서 순종은 자애로운 보살핌의 자연스러운 결과이지 벌에 대한 두려움에서 나오는 것이 아니다. 한마디로 요약하면, 엄격한 아버지 가정에서 우선순위가 가장 높은 도덕적 가치는 권위와 힘과 순종이고, 자애로운 부모 가정에서 가장 중시하는 도덕적 가치는 감정이입과 자애로움과 책임이다.

이상적인 가정에 대한 이 두 모형의 도덕성을 개신교 해석에 적용할 때 개신교 보수와 개신교 진보의 인식 차이가 나온다. 보수적인 개신교인들은 엄격한 아버지 가정 도덕성의 관점에서 성경을 해석하고, 진보적인 개신교인들은 성서를 자애로운 부모 가정 도덕성의 관점에서 해석한다. 보수적인 성서 해석에서는 [하나님은 엄격한 아버지], [도덕성은 강함], [도덕성은 순종], [도덕적 위계는 자연의 위계] 등으로 구성된 은유 체계를 사용한다. 그 반면에 성서의 진보적인 해석에서는 주로 [하나님은 자애로운 부모(나 그 한쪽)], [예수 그리스도는 (하나님의) 자애로움 전달자], [하나님의 은총은 자애로운 보살핌], [도덕적 행위는 자애롭게 보살피는 행위] 등의 은유를 사용한다.

그렇다면 세계 내에 존재하는 구체적인 대상이나 현상, 사건에 대한 개신교계의 보수적인 인식과 진보적인 인식은 이상적인 가정에 대한 두 모형의 도덕성으로 어떻게 설명할 수 있는가? 먼저 전두환 씨와 그의 행위에 대한 개신교계의 대립적인 두 인식을 살펴보자. [국가는 가정] 은유와 엄격한 아버지 가정 도덕성을 결합한 관점에서 바라보면, 1980년 조찬 기도회에 참석해 전두환 씨를 여호수아라고 칭송하던 개신교 목사들의 인식은 당연한 귀결이다. 광주학살이 일어났던 1980년 당시에 전두환 씨는 '대한민국'이라 불리는 가정에서 절대적인 권위와 힘을 지닌 아버지였고, 그의 권력에 항거하던 광주 시민들은 아버지의 절대적 권위에 도전하며 가정의 안전을 위협하는 비도덕적인 자녀로서 당연히 벌을 받아야 했다. 그리고 광주 학살은 은유적으로 가장의 절대 권위에 도전한 자녀들의 불순종을 벌한 정당한 훈육 행위에 해당했다.

그 반면에 전두환 씨를 악당으로 규정하고 그의 집정 기간에 저항했던 목사들의 행위는 자애로운 부모 가정 모형 도덕성의 관점에서 나오는 당연한 귀결이다. 이 가정 모형의 도덕성에서 보면 부모가 자녀(들)를 자애롭게 돌보지 않는 것은 비도덕적인 행위이다. 이러한 부모의 양육을 받는 자녀들은 제대로 도덕적인 성인으로 자라날 수 없기 때문에, 자애로운 부모 가정에서 자라나도록 조치를 취해야 한다. 따라서 민주화를 요구하던 광주 시민들을 학살한 '전두환'은 은유적으로 자신에게 이견을 제시한 자녀들에게 잔인한 학대—자애롭게 보살피지 않는 행위의 한 유형—를 자행한 부모이다. 따라서 쿠데타로 권력을 찬탈하고 광주에서 수많은 시민들을 학살한 뒤 억압과 폭정을 자행했던 그에게 저항한 목사들의 행위는 당연히 정당하다.

[도덕적 위계는 자연의 위계] 은유는 타당한가?

'4대강 개발' 사업에 대한 개신교 내의 대립적인 인식 역시 이상적인 가정에 대한 두 모형의 도덕성 체계 차이에서 나온다. 보수적인 개신교인들은 성서를 해석할 때 엄격한 아버지 가정 모형의 도덕성 체계를 적용해, 인간이 자연계 내의 모든 대상―생물이든 무생물이든―보다 우월하다는 속설을 근거로 도덕적 위계에서 자연계의 어떤 대상보다 높은 지위를 인간에게 부여한다. 달리 말하면, 그들은 [도덕적 위계는 자연의 위계]라는 도덕적 질서 은유를 수용해, [자연은 인간을 위한 자원]이며 [인간은 이 자원의 사용자]라는 입장이 하나님의 창조 질서에 맞는다고 본다. 그렇게 엄격한 아버지 가정의 도덕성 체계를 적용하는 보수적인 개신교인들이 보기에는, 인간이 편리와 유익을 위해 자연을 마음대로 이용하려는 어떤 시도도 결코 비도덕적인 행위가 아니다. 따라서 4대강 개발 사업을 적극 지지하는 자신들의 활동은 비도덕적이기는커녕 하나님의 뜻에 순종하는 도덕적인 행동이 된다.

그 반면에 진보적인 개신교인들은 이 자연관을 거부하며, 오히려 자연도 고유한 내재적 가치를 지니고 있고 인간보다 열등하지도 않다는 입장을 취한다. 따라서 인간은 자신들의 편의와 이익을 위해 자연을 마음대로 사용해서는 안 되며, 온전하게 자연을 보살필 의무가 있다. 이 세계관에 따르면 하나님이 우리를 자애롭게 보살피기 위해 창조한 자연을 온전하게 보전하는 것이 도덕적인 행위이며, 자연을 온전하게 보살피지 못하는 것은 비도덕적인 행위이다. 그렇다면 인간의 경제적 편익을 위해 강의 자연 생태계를 인위적으로 파헤치는 4대강 개발 사업은 하나님의 창조 질서를 파괴하는 비도덕적인 행위가 된다. 따라서 자애로운 부모 도덕성을 적용해 성서를 해석하는 진보적인 개신교인들이 이 사업에 저항하는 것은 당연하다.

어떤 가정 모형과 도덕성 체계를 선택할 것인가

이 해명은 동성애를 둘러싼 개신교계의 대립적 인식에도 그대로 적용될 수 있다. 보수적인 개신교인들은 왜 동성애자 권리에 반대하고 동성애자들에게 왜 그렇게 엄청난 적대감을 표현하는가? 그들이 성서의 해석에 엄격한 아버지 가정의 도덕성을 적용하기 때문이다. 그들이 보기에, 동성애는 부모의 한쪽은 반드시 남성이고 다른 한쪽은 여성이어야 한다고 성 역할을 명확히 구분하는 엄격한 아버지 가정 모형과 맞지 않고 아버지의 절대 권위에 도전하는 행위이다. 또한 남자가 여자보다 더 힘이 세고 성 역할 관계에서도 남성이 여성을 지배하는 것이 자연의 정상적인 질서라고 보는 이 가정 모형의 도덕 체계와도 맞지 않는다. 따라서 이 도덕성 체계를 수용하는 개신교 보수에게는 동성애가 비도덕적일 수밖에 없다. 은유적으로 [동성애는 부도덕한 죄]이고 [동성애자는 죄인]이다.

반대로, 개신교 진보는 왜 동성애자 권리를 지지하는가? 그들은 동성애 권리를 자애로운 부모 가정의 도덕성 체계에서 자연스럽게 나오는 당연한 권리라고 보기 때문이다. 자애로운 부모 가정의 도덕성을 성서 해석에 적용하면, 하나님은 자애로운 부모이며 예수를 구원자로 받아들이는 어떤 사람이든지 똑같이 자애로운 사랑으로 보살핀다. 하나님의 자녀는 이성애자든 동성애자든 양성애자든 관계없이 똑같이 자애로운 보살핌을 받는다. 이것은 자애로운 부모 가정에서는 어떤 자녀들이나 다 똑같이 부모의 자애로운 보살핌을 받는 것과 마찬가지이다. 따라서 동성애자들을 자애롭게 보살피는 것은 자애로운 가정 모형의 도덕성 체계를 수용하는 사람들의 당연한 의무이다. 따라서 당연히 그들은 성적 지향이나 성 정체성에 관계없이 모든 시민들이 공정하고 평등한 대우를 받아야 한다는 것을 규정하는 차별 금지법을 제정하라고 은유적 부모인 정부에 요구한다.

'전두환'과 '4대강 개발', '동성애'라는 쟁점 외에도 한국의 개신교는 사형제, 낙태죄 폐지, 난민, 타 종교, 종교인 과세 제도, 대북 관계, 대일 관계 등 세계 내의 동일한 수많은 현상을 두고서 보수와 진보가 대립하고 있다. 더 상세하게 파고들어보아야 하겠지만, 각각의 쟁점에 대한 보수 기독교인들과 진보 기독교인들의 대립적인 인식 역시 성서를 해석할 때 엄격한 아버지 가정의 도덕성 체계와 자애

로운 부모 가정 모형의 도덕성 체계 둘 중의 어느 체계를 적용할 것
인지와 관련이 있을 터이다.

은유로 보는 한국 사회

ⓒ 나익주 2020

초판 1쇄 발행 2020년 11월 20일
초판 2쇄 발행 2020년 12월 20일
지은이 나익주
디자인 신병근
인쇄 스크린그래픽
펴낸곳 한뼘책방
등록 제25100-2016-000066호(2016년 8월 19일)
주소 (03690) 서울시 서대문구 가재울로2안길 29-14
전화 02-6013-0525
팩스 0303-3445-0525
이메일 littlebkshop@gmail.com
인스타그램, 트위터, 페이스북 @littlebkshop
ISBN 979-11-90635-07-3 03700